Vera F. Birkenbihl

**StoryPower©**

Vera F. Birkenbihl

# StoryPower©

Welchen Einfluß Stories auf unser Denken und Leben haben

mvg

Die Deutsche Bibliothek – CIP-Einheitsaufnahme

Birkenbihl, Vera F.:
StoryPower : welchen Einfluß Stories auf unser Denken und Leben haben / Vera F. Birkenbihl - 2. Auflage - Landsberg am Lech : mvg, 2001
(mvg-Paperpacks ; 08891)
ISBN 3-478-08891-7

2. Auflage 2001


Umschlaggestaltung: Vera F. Birkenbihl
Umschlagrealisation: Vierthaler & Braun, München
Abbildungen: Vera F. Birkenbihl
Satz: Fotosatz H. Buck, Kumhausen
Druck- und Bindearbeiten: Ebner, Ulm
Printed in Germany 08891/1101502
ISBN 3-478-08891-7

# Inhaltsverzeichnis

# HIER GEHT ES LOS!

Liebe Leserin, lieber Leser, bitte kreuzen Sie an:

1. **Stories (Geschichten) sind...**
   a ( ) extrem wichtig b ( ) wichtig c ( ) weder/noch
   d ( ) ziemlich unwichtig e ( ) total unwichtig
2. **Im Verhältnis zu Daten, Fakten, Informationen sind Stories** (inkl. Romane)...
   a ( ) extrem wichtig b ( ) wichtig c ( ) weder/noch
   d ( ) ziemlich unwichtig e ( ) total unwichtig
3. **Stories** waren **in meiner Kindheit und Jugend...**
   a ( ) extrem wichtig b ( ) wichtig c ( ) weder/noch
   d ( ) ziemlich unwichtig e ( ) unwichtig
4. **Stories** waren **für mich seither bis heute...**
   a ( ) extrem wichtig b ( ) wichtig c ( ) weder/noch
   d ( ) ziemlich unwichtig e ( ) total unwichtig
5. **Bei diesem Buch** möchte ich aktiv mitdenken.
   a ( ) klar doch b ( ) weitgehend c ( ) teilweise
   d ( ) ab und zu e ( ) ich will nur lesen...

Na, haben Sie **aktiv** mitgemacht?

( ) Klar habe ich aktiv mitgemacht

( ) Nein danke; ich lese nur...

## Dies ist ein Buch-Seminar

Es enthält alles, womit Sie als Teilnehmer/in Ihr Privat-Seminar gestalten können, inklusive kleiner Inventur- und Trainings-Aufgaben. Sie entscheiden natürlich, ob Sie das Buch **nur lesen** oder es in dieser Weise **nutzen** wollen. Es gibt mehrere Gründe für ein Seminar in Buchform:

1. Viele meiner Veranstaltungen sind schon im Vorfeld ausverkauft. Mit einem Seminar-Buch **sind Sie frei**!
2. Oft entdecken Sie einen Vortrag oder ein Thema, müssen dann aber Wochen oder Monate auf den Termin warten. Das Seminar-Buch macht Sie **zeitlich unabhängig**. Sie können **sofort** mitmachen.
3. Da ich ein ziemlich großes Spektrum abdecke (vgl. Buchrücken), finden die meisten Seminar-Typen pro Jahr nur ein- oder zweimal statt und dann vielleicht auch noch in der für Sie „falschen" Stadt. Mit dem Buch-Seminar sind Sie **geographisch unabhängig**: Sie können auf der Couch oder Ihrer Terrasse oder im Garten sitzen, das ermöglichen nur wenige Seminare.
4. Sogenannte „offene" Seminare bei freien Anbietern sind (wegen der hohen Werbekosten) oft nicht billig. Zwar mache ich auch Veranstaltungen für den kleinen Geldbeutel, aber diese werden oft nur regional bekanntgegeben, damit die Kunden dieses Veranstal-

ters (z.B. **vhs**) eine faire Chance haben*. Mit dem Buch-Seminar sind Sie auch **finanziell unabhängig** und „besuchen" Ihr Seminar für den Preis eines Taschenbuches!

5. Manche Vorträge oder Seminare würde man gern mit **bestimmten Menschen** besuchen, die aber vielleicht aus zeitlichen oder finanziellen Gründen nicht können. Bei einem **Taschenbuch** kann sich jede Familie und jeder Freundeskreis das Buch-Seminar leisten!

Natürlich können Sie auch „nur" lesen. Es ist Ihre Wahl, aber falls Sie den Text als Buch-**Seminar** nutzen wollen, dann wollen Sie vielleicht aktiv mitmachen? Zugegeben, ein Seminar hat dem Buch gegenüber gewisse Vorteile, aber auch umgekehrt:

**Sie können sich für jede Aufgabe so viel Zeit nehmen, wie Sie wollen.**

*Aber im Seminar arbeiten wir in Kleingruppen,* denken Sie jetzt vielleicht. Nun, wer hindert Sie denn daran, einen interessanten Gedanken mit anderen zu diskutieren?

Wenn Sie mit anderen **reden** wollen, dann tun Sie dies **sofort** (auch per Telefon, e-mail etc.). Sie können sich jederzeit solange mit so vielen Menschen austauschen, wie Sie

---

* Diese Termine werden in Zukunft teilweise im Internet publik gemacht: **www.birkenbihl-insider.de.**

**wollen. Sie bestimmen Ihr Tempo zu 100% selbst (während es im Seminar weitergehen muß).**

Nachdem jetzt feststeht, wie aktiv Sie mitarbeiten wollen, stellen Sie sich bitte folgende zwei Fragen:

1. **Wurden Sie jemals in Ihrem bisherigen Leben von einem Märchen** (einer Fabel, einer Geschichte, einem Gleichnis, einer Legende, einer Parabel etc.) **enorm beeindruckt**?
   ( ) Ja ( ) ich glaube nicht ( ) Nein, niemals.
   Wenn Ja, notieren Sie Titel (oder Stichwort):

   ________________________________________

   ________________________________________

   ________________________________________

2. **Warum? Welche Gedanken/Einsichten der Story** haben Ihnen damals (oder später) ein „Aha!“ vermittelt oder Ihnen in irgendeiner Weise „auf die Sprünge geholfen“?

   ________________________________________

   ________________________________________

   ________________________________________

**Ein Vorschlag:**

Stellen Sie einigen Personen diese **Doppelfrage** und machen Sie (stichpunktartige) Notizen. Am besten legen Sie ein Notizbüchlein nur für dieses Thema an, das Sie mit sich herumtragen. **Erstens**, damit Sie auch unterwegs die Doppelfrage stellen können und **zweitens,** weil Sie bald feststellen werden: Wenn man sich über einen gewissen Zeitraum mit einem Thema befaßt, dann fallen einem bald auch Ideen dazu ein, wenn man es am wenigsten erwartet. Das wissen **Autoren, Künstler** und **Wissenschaftler** (deshalb haben sie immer ein Notizbuch dabei!). Leider weiß der Rest der Menschheit wenig davon. Nicht zuletzt, weil das systematische Nachdenken über ein Thema in der Schule selten gelehrt wurde (da lernten wir nämlich Wurzelziehen!).

## Zielstellung dieses Buch-Seminars

Die Zielstellung ist eine doppelte: Zum einen möchte ich Ihnen zeigen, wie **wichtig Stories für jede/n von uns** sind, **auch** für jene, die glauben, auf sie verzichten zu können (Teil I). Zum zweiten (in Teil II) möchte ich Ihnen einige Stories mit auf den Weg geben, damit Sie sofort und **direkt** praktisch profitieren können.

## Aufbau dieses Buch-Seminars

Das vorliegende Buch-Seminar soll Sie einladen, ein Wissens-Gebäude zu betreten, daher finden Sie die GRUNDLAGEN des **Teil I** quasi im **Keller**, auf ihnen ruht Teil 2, der (Über-)**Bau**.

Sie können sich methodisch nähern, und unten „einsteigen“ (indem Sie dieses Buch in der angebotenen Reihenfolge lesen), ehe Sie im **modular** aufgebauten **Teil II** nach Lust und Laune herumspringen. Oder Sie zappen sich zuerst kreuz und quer durch Teil II (mit vielen Geschichten) und wollen erst anschließend (im Keller) nachsehen, auf welcher Grundlage diese Stories eigentlich stehen.

Unter dem Dach finden Sie einige MERKBLÄTTER, die Sie auslassen oder lesen können. (Im Text gibt es Sprungstellen, die auf spezifische Merkblätter verweisen.)

Ich wünsche Ihnen recht viel Entdecker-Freude!

## Vorwort zur 2. Auflage

Ich finde es schön, daß wir nach einem halben Jahr bereits in die zweite Auflage gehen „müssen“. Ebenfalls freut mich, daß wir durch einige Umbruch-Änderungen ein wenig Platz gewannen. Daher finden Sie auf Seite 106 ein neues Ende zur Morse-Story, sowie ab Seite 154 ein neues Modul (*Eine Super-Erfolgs-Strategie: Die Freundlichkeiten-Kette*). Außerdem möchte ich nun die Gelegenheit ergreifen, eine der Stories, die ursprünglich nicht mehr ins Buch gepaßt hatte, doch noch aufzunehmen. Dabei handelt es sich um eine Geschichte meiner Trainer-Kollegin Sinah Altmann (www.sinah-altmann.de), die auch sie vor vielen Jahren im Reader's Digest gefunden hatte (vgl. mein eigenes Beispiel hierzu: *Die Nacht vor der Tortur*, S. 78). Sie sehen, wie sehr uns Geschichten, die wir in Kindheit und Jugend kennengelernt haben, ein Leben lang begeiten können.

bitte umblättern

Es war einmal ein **Steinhauer**, der es leid war, in der brütendheißen Sonne Steine aus dem Berg zu hauen. „Es ist so schrecklich mühselig, Steine zu hauen, und diese Sonne! Wie gern würde ich den Platz mit ihr dort oben am Himmel tauschen und so allmächtig sein wie sie", sagte der Steinhauer laut zu sich. Auf wundersame Weise erfüllte sich sein Wunsch, und er wurde zur Sonne. Freudig sandte er seine Strahlen hinab, mußte jedoch rasch erkennen, daß sie von den Wolken abprallten. „Was nutzt es, die Sonne zu sein, wenn die Wolken meine Strahlen aufzuhalten vermögen?", klagte er. Und er wurde eine Wolke, flog über der Welt dahin, regnete auf sie hinab und wurde schließlich vom Wind zerfetzt und verweht. „Ah, der Wind kann also die Wolken verwehen, so muß er wohl das stärkste Element sein. Ich möchte der Wind sein." Und er wurde zum Wind. Er wehte und blies und toste. Doch eines Tages verwehrte ihm eine hohe Wand den Weg. Es war ein Berg. „Was nutzt es, der Wind zu sein, wenn ein Berg mich aufhalten kann?" So wurde er ein Berg. Doch alsbald spürte er etwas an ihm hämmern. Es war ein Steinhauer. (Verfasser unbekannt)

Vera F. Birkenbihl — Odelzhausen, Oktober 2001

**internet: www.birkenbihl-insider.de**

Bei Interesse am monatlichen Coaching-Brief:

**www.birkenbihlbrief.de**

# Teil I

Selbsterfahrung
Selbst-Erkenntnis
ORIENTIERUNG
Sinn
die
STORIES
TIEFE
Training
REPERTOIRE
Information & Exformation

# Wo, bitte, lassen Sie denken?

Bitte definieren Sie *Materie* (auf Papier oder zumindest im Kopf). Falls Sie nicht weiter wissen, dürfen Sie gerne in einem Lexikon nachschlagen.

Bitte registrieren Sie, daß ich eben impliziert habe, es gäbe nur EINE (richtige) Definition.

## Definitionen von Wörtern

Neil POSTMAN weist (in: *Keine Götter mehr – Das **Ende*** der Erziehung*) darauf hin, daß die Schule prinzipiell nach DER (impliziert: einen) Definition fragt und nicht nach EINER (möglichen). Desweiteren wird uns

---

* Hier sehen wir wieder einen traurigen Fall, in dem die Eindeutschung eines brillanten Titels nicht ganz geglückt ist. Der Autor diskutiert im Buch, mit wieviel Bedacht er seinen Titel (original: **END OF EDUCATION**) gewählt habe, weil „end" sowohl „Ende" als auch „Ziel, Zweck" bedeutet. Außerdem meint POSTMAN mit „education" die **(geistige) Bildung** der jungen Menschen. Man hätte dies auf dem Buchrücken klarstellen können, dann wäre das Buch bei uns wohl weniger ein Geheimtip geblieben, insbesondere unter den betroffenen Bildungs-Experten und Lehrer/innen. Der deutsche Titel löst bei den „richtigen" Leuten, denen leider oft selbst eine umfassende Bildung fehlt, eher „falsche" Assoziationen aus (viele haben zu Göttern unangenehme Assoziationen), sodaß sie gar nicht weiter schauen. Schade! Dieses Buch verdient eine große Verbreitung in unserem „Lande der Dichter und Denker", damit wir dies vielleicht einmal wieder werden könnten …

vorenthalten, daß **Definitionen** von Menschen **gemacht** wurden, die unbewußt oder bewußt bestimmte Ziele damit verbinden (Hervorhebungen meine):

> Es wird den Schülern **nicht** gesagt, von wem diese Definitionen stammen, zu welchem Zweck sie **erfunden** (wurden) und vor allem, welche alternativen Definitionen genau so gut dienen könnten... (Folge): Schüler/Studenten kommen zu dem Schluß, Definitionen seien **nicht erfunden** ... (sondern) Teil der Naturwelt, wie Wolken, Bäume und Sterne.

DEFINITIONEN als Naturereignis?

Wir neigen dazu, Begriffe und deren Definitionen für **objektive** BESCHREIBUNGEN DER WELT zu halten. Aber Vorsicht!

Ich schreibe BESCHREIBUNG DER WELT absichtlich in Versalien, denn wir könnten diese Formulierung als

Fachbegriff benutzen, um unser Denken zu klären. Carlos CASTANEDA* sagt nämlich (in: *Reise nach Ixtlan*):

> Jeder Mensch, der mit einem Kind in Berührung kommt, ist ein Lehrer. Er erklärt die Welt unaufhörlich, bis zu jenem folgenschweren Augenblick, da das Kind die Welt so wahrnehmen kann, wie sie ihm erklärt wurde. Jetzt wird das Kind ein Mitglied und es erreicht die volle Mitgliedschaft, wenn es in der Lage ist, *all seine Wahrnehmungen so zu deuten*, daß sie mit dieser BESCHREIBUNG DER WELT übereinstimmen.

Diese BESCHREIBUNG DER WELT prägt die Art, wie wir die Welt wahrnehmen **können**. Benjamin Lee WHORF spricht vom *linguistischen Relativitäts-Prinzip*.** So ist Materie in ihrem Innersten **nicht materiell**. Heute sieht man die Elementarteilchen als **Wahrscheinlichkeitswellen** mit einer gewissen **Tendenz** zu existieren. So gesehen ist das jahrtausende alte Weltbild der Hopi-Indianer in Übereinstimmung mit den Forschungsergebnissen der Teilchenphysik in der zweiten Hälfte des 20. Jahrhunderts. Aber das heißt nicht, daß Otto Normalbürger davon berührt wird, denn (frei nach B. L. WHORF):

---

* Wer auch andere meiner Bücher kennt, merkt, daß dieses kurze Zitat mehrmals auftaucht. Man sollte es auf ein Poster schreiben und täglich mindestens einmal laut vorlesen ...

** Das *linguistische Relativitäts-Prinzip* wird auch als SAPIR-WHORF Hypothese bezeichnet; WHORF war Schüler von Edward SAPIR.

> Die Sprache des normalen Menschen zerschneidet die Natur noch immer in DINGE, die er mit Dingworten bezeichnet.

Auch Tiere sind gemäß unserer Definition eher **Dinge** (juristisch „Sachen“), wie anders könnten wir sonst erklären, warum man diese **Lebewesen** in Tierläden im Shopping-Center kaufen kann? Dort läßt man sie von Freitag abends bis Montag früh unbeaufsichtigt, es sind ja nur „Sachen“. (Nicht daß sie an Wochentagen viel Zuwendung erhielten.) Damit sind wir wieder bei CASTANEDAS BESCHREIBUNG DER WELT. Wenn, laut dieser BESCHREIBUNG, bestimmte Tiere und Pflanzen als *Lebewesen* gesehen werden, deren Leben schützenswert ist (*Nutztiere*, die uns nutzen müssen?) oder als Dinge bzw. sogar als *Schädlinge* eingestuft werden, dann nutzen wir Nutztiere und vernichten *Ungeziefer* und *Schädlinge* – ohne Schuldgefühle und ohne jede Reue! Hier wird **Nomen** zum **omen** (vgl. MERKBLATT NR. 1: *Nomen est omen*, S. 164).

Deshalb betont Neil POSTMAN ja auch, daß jede Definition nur EINE Definition sein kann und daß wir allen unseren Schüler/innen und Student/innen schon früh klar machen müßten, daß jede Definition irgendwelche Ziele verfolgt. Diese können bewußt sein oder unbewußt bleiben...

## Manche Wörter sind Metaphern

Suchen wir uns **eine** erste Definition (Duden Nr. 7): *METAPHER = übertragener, bildlicher Ausdruck; Bild.* Weiter erfahren wir:

> Die Metapher begann im 17. Jahrhundert in beiden angel-sächsischen Sprachen Einzug zu halten, und zwar zuerst in der (an den griechischen Ursprung angelehnten) Form: **„Metaphor“***. Das griechische *metaphorá* setzt sich zusammen aus *meta* (u.a. *darüber [hinaus], hinüber, neben*) und ... *phérein*, beide zusammen ergeben „anderswohin tragen“ oder Übertragung, ganz wörtlich genommen.

Nun erhebt sich die Frage: Was wird da „hinübergetragen“? Antwort: **Wir übertragen eine Bedeutung**. Wir übernehmen irgendein ein Element von A und tragen es hinüber nach B. Beispiele: *Bergrücken, Flußarm, Tischbein, der eiserne Vorhang*… (Wir kommen gleich darauf zurück.) Lassen Sie uns vorher einen kurzen Blick in ein ausgezeichnetes Rhetorik-Buch werfen**. Wo finden wir die *Metapher*? Antwort: Im Kapitel *Redeschmuck*.

---

* vgl. Englisch, da ist die Form bis heute erhalten geblieben.

** Peter H. DITKO und Norbert Q. ENGELEN: *In Bildern reden - die neue Redekunst aus Ditkos Schule*

Das ist bei rhetorischen Werken Usus. Wenn sie das Konzept überhaupt erklären, dann als „Schmuck" aber, wie die beiden Autoren feststellen: *für Redner und Redenschreiber stellt die Beschäftigung mit Redeschmuck ein unbedingtes „Muß" dar*. Im Klartext: **Normale** Leute brauchen „so etwas" nicht. **Diese Einstellung** ist (noch) die Regel; aber es war auch einst normal, an eine flache Erde zu glauben.

Der **Denkfehler,** Metaphern als Ornament, also als „schmückendes" (sprich: unwichtiges) Element zu sehen, ist **noch so verbreitet,** daß es für die meisten, die (einst) so zu denken gelernt haben, extrem schwierig ist, sich für das (Neue) zu öffnen.

## Wenn der Tisch ein Tanzbein schwingt …

Wir erwähnten vier Beispiele für Metaphern. Wollen wir uns diesen jetzt zuwenden:

1. *Bergrücken:* Natürlich ist uns klar, daß der Berg keinen Rücken besitzt. Trotzdem ist das Element des Rückens eines Lebewesens hilfreich, um die **Form** eines Berges zu **beschreiben**. Das ist **eine** Funktion von Metaphern.

bitte umblättern

2. *Flußarm:* Natürlich erwartet kein Mensch, an Flußarmen Hände und Finger zu finden. Hier sehen wir wieder, wie wir **die Beschreibung einer Form** von A (Lebewesen mit Armen) „hinübertragen" zu B (Fluß).
3. *Tischbein:* Genausowenig erwarten wir, daß der Tisch sich auf seinen Tischbeinen davonstehlen wird oder beim nächsten Marathon mitmarschieren will. Auch hier hat man einen Aspekt von A (Lebewesen mit Beinen) isoliert und auf B (Tisch) übertragen. Diese Übertragung wirkte in der Viktorianischen Zeit so stark, daß man sogar die **metaphorischen Tischbeine** mit Tüchern bekleidete (wie Menschenbeine mit einem *Beinkleid* verhüllt sein mußten).

   Übrigens ging die viktorianische Scham so weit, daß man bei Geflügel und Wild begann, von „weißem" und „dunklen" Fleisch zu sprechen. In einem solchen Klima kann man natürlich nicht beiläufig zum Tischnachbarn sagen: „Reich doch bitte mal das **Bein**-chen (oder gar das **Brüst**-chen!!) herüber!"

4. *Der eiserne Vorhang:* Wieder sehen wir dasselbe Prinzip: Man nehme die Idee des Vorhangs von A (einem Fenster) und trage es hinüber zu einer Grenze, die teilweise aus Stacheldraht und Todesstreifen bestand, teilweise nur als Linie auf Landkarten (z.B. im Hinterland). Churchill machte eine damals kaum be-

**kannte Metapher weltbekannt. Die Wort-Schöpfung vom *eisernen Vorhang* half, die Ost-West-Trennung des kalten Krieges besser zu be-GREIF-en. Eine Linie auf einer Landkarte kann man nicht gut anfassen (be-GREIF-en), einen Vorhang schon. So konnte sich bald jede/r ein entsprechendes Bild machen.**

Solche Wort-Schöpfungen sind didaktisch wertvoll und gehirn-gerecht*, weil sie den Hörenden/Lesenden ein **unmittelbares Bild** anbieten. Deshalb werden Metaphern in Rhetorik-Büchern als *Sprachblume* oder *Redeschmuck* aufgeführt.

Diese beiden Begriffe sind selbst Metaphern, mit deren Hilfe die Idee transportiert (hinübergetragen) wird, daß Metaphern zwar **nett** aber letzlich **nur** als **Zierde** zu sehen seien. Aber die Forschung zeigt inzwischen, daß **ohne Metaphern überhaupt keine Vorstellungen entstehen können**. Ohne Vorstellungen können in unserem Geist weder eine „Welt", noch ein Gefühl für uns selbst in dieser Welt entstehen. Wer jedoch gelernt hat, **Informationen** zu sammeln, diese zu **analysieren** (und weiterzugeben), sowie sich auf die **Fakten** zu verlassen (weil man alles andere für **unnötig** hält), der/die sollte sich jetzt auf einen Schock gefaßt machen:

---

* d.h. *der Arbeitsweise des Gehirns entsprechend,* vgl. mein *Stroh im Kopf? (ab der 36. Auflage).*

**Nackte Daten, Fakten, Informationen können von unserem Hirn weder begriffen noch verarbeitet und genutzt werden. Erst wenn wir Wissen angeboten bekommen, das für uns „autobiographisch" Sinn macht, können wir die Info a) begreifen und b) merken (siehe MERKBLATT NR. 2: *Gedächtnis muß autobiografisch sein,* S. 166).**

Jede Metapher bietet Bedeutung; diese schafft oder vertieft unser Verständnis. Sie erzählt uns eine Story, die aus einem einzigen Wort (oder einer Redewendung) besteht. Sie **vermag uns die Vorstellungen anderer Menschen zu zeigen**. Wenn wir aber **die Natur von Metaphern** nicht begreifen, dann denken diese sogar für uns. Denn im Gegensatz zur landläufigen (auch in den Schulen verbreiteten) irrigen Meinung, gehören Metaphern **eben nicht** (nur) in den Bereich der Dichtung. Neil POSTMAN bringt das wieder einmal brillant auf den Punkt, nachdem er darauf hingewiesen hat, daß neben Dichtern auch *Biologen, Physiker, Historiker, Linguisten* Metaphern einsetzen: *Jeder, der etwas über die Welt* (sagt), *tut das*. Und:

Eine Metapher ist kein Ornament.
Sie ist ein Wahrnehmungs-Organ!
Durch Metaphern sehen wir die Welt.

POSTMAN fährt fort:

> Ist Licht eine Welle oder ein Teilchen? Sind Moleküle wie Billardkugeln oder wie Kraftfelder? Entfaltet sich die Geschichte nach den Weisungen der Natur oder (gemäß) der Vorsehung eines göttlichen Planes?... Fragen dieser Art beschäftigten Gelehrte auf jedem Gebiet...

Mich hat immer verblüfft, daß die Autoren, die über Erziehung schreiben, der Rolle der Metaphern so wenig Aufmerksamkeit schenken. Die Metapher gibt jedem (Schul-)Stoff seine Form. Indem Erzieher dies übersehen, **berauben sie Lernende jeder Möglichkeit, die Grund-Annahmen eines Themas** (jemals) **in Frage zu stellen...**

Da es den Rahmen der vorliegenden Arbeit sprengen würde, das Thema zu vertiefen, möchte ich alle jenen, die mehr darüber nachdenken wollen, raten, Neil POSTMAN selbst zu lesen. Es lohnt sich, neben dem zitierten Werk *(Das Ende der Erziehung)* auch seine Gedankengänge in seinen anderen Büchern nachzuvollziehen. Ebenfalls sehr hilfreich, ist der bahnbrechende Ansatz von JOHNSON & LAKOFFs *Leben in Metaphern* (eines der wichtigsten Bücher zum Thema)! Auch Wolf SCHNEIDER *(Wörter machen Leute)* ist eine Fundgrube und natürlich Benjamin Lee WHORF *(Sprache, Denken, Wirklichkeit)*. Ein weiteres Buch wäre sehr hilfreich, aber es gibt noch keine deutsche Übersetzung, deshalb finden Sie im MERKBLATT Nr. 3, auf S. 172 eine kleine Hinführung.

## Jede Metapher enthält eine Story

Die Metapher zieht einen Teil ihrer großartigen Wirkung aus der Tatsache, daß sie eine wichtige Idee enthält und somit eigentlich schon eine **Mini-Story** darstellt. Überlegen Sie bitte, welche Auswirkungen folgende häufig gehörte Metaphern auf die Menschen haben, die sie oft denken oder sagen (d.h. sich und der Welt mitteilen):

**Das Leben ist ein Karussell ...**

- **weil** jede Runde mehr vom selben ist (Langeweile)
- **weil** es am meisten Spaß macht, wenn ein anderer die Karten bezahlt
- **weil** man in jeder Runde einen anderen Sitzplatz einnehmen kann
- **weil** alles immer in Bewegung ist (usw.)

Denken Sie nach: Wie lauten Ihre eigenen häufigsten Lebens-Metaphen? Was denken/sagen Ihre Freunde, Kollegen, Famlilienmitglieder, Nachbarn häufig?

1. Das **Leben** ist wie ein ...?
2. Meine **Arbeit** ist wie ein ...?
3. Meine **Partnerschaft** ist wie ...?
4. Meine **Freundschaft** (mit ...) ist wie ein ...?

Bitte bedenken Sie: Hinter jeder Metapher steht eine Story, die alle Betroffenen **mit ihrem Leben** erzählen. Klagen Sie viel oder wenig? Rappeln Sie sich nach einem Tiefschlag nie wieder auf oder erholen Sie sich schnell? Erwarten Sie von einem Lebenspartner, daß, nachdem Sie sich einmal gefunden und für wertvoll befunden haben, dies nun bis ans Ende Ihrer Tage so bleibt (Prinzip: *Happy End* im Märchen)?

## Der Jesus-Effekt: Die Macht von Metaphern!

Eines der mächtigsten Denkwerkzeuge stellen **Analogien** (Vergleiche, Parabeln) dar, und zwar sowohl, wenn wir **unser eigenes Denken beeinflussen** möchten als auch wenn wir **andere überzeugen** wollen. Schließlich ist Sprache das beste Überzeugungsinstrument schlechthin (eine Keule überzeugt ja nicht wirklich)!

Deshalb nutzten BUDDHA, JESUS u.a. große Meister (die auch rhetorische Meister waren) die Macht von Metaphern. Sie alle sprachen BILD-haft, an-SCHAU-lich, in GLEICH-nissen. Der Unterschied zwischen einem Gleichnis und einer *Metapher* ist ganz einfach. Beiden gemeinsam ist, daß sie Analogien (Parallelen, Vergleiche) zwischen mindestens zwei Elementen ziehen; allerdings mit folgenden Unterschieden:

a) Ein **Gleichnis** ist die **Schilderung** einer Situation (in Form einer Geschichte), mit deren Hilfe uns der Sprecher (oder Schreiber) eine Analogie zu uns, unserem Leben, unserer Arbeit usw. aufzeigt. Wenn Jesus z.B. davon spricht, daß viele **Samenkörner** gepflanzt werden, von denen einige auf steinigen Boden fallen, andere vom Winde verweht werden, wieder andere an einer Stelle landen, die die Sonne nie erreicht, so daß nur einige wenige wachsen und gedeihen, **dann setzen wir (unbewußt) die Samenkörner mit uns Menschen gleich** und **verstehen**, was er „eigentlich" **meint**.

b) Eine **Metapher** als Sprach-BILD erzeugt sofort eine klare Vorstellung (d.h. etwas, das wir VOR unser geistiges Auge STELLEN, um es anzu-SCHAUEN; es ist demzufolge ANSCHAU-lich!)

**Diese innere Schau "setzt uns ins BILD", so daß wir uns mühelos ein BILD dessen, was der Sprecher (Schreiber) meint, machen können.**

Während die Vorstellungen zu **abstrakten** Begriffen (Tugend, Ehre, Schuld, Erfolg) von Mensch zu Mensch dramatisch abweichen können, sind die Vorstellungen, die **Gleichnisse** oder **Metaphern** in uns auslösen, wesentlich ähnlicher.

**Spricht Jesus zu Bauern vom Samenkorn, zu Fischern vom (Menschen-)Fischen und zu Menschen mit Viehherden vom guten Hirten, dann setzt er bereits vorhandene Vorstellungen in Bezug zu dem, was er hier und heute sagen will.**

Analog: Nur wenn wir als Sender unserer Botschaften (z.B. als Chef/in, Verkäufer/in) in ähnlicher Weise an die **vorhandenen** Vorstellungen unserer Empfänger (Partner, Elternteil, Freund) anknüpfen, können wir die Macht der an-SCHAU-lichen (gehirn-gerechten) Sprache zum Wohle aller Beteiligten nutzen.

**Metaphern** bestehen oft aus einem einzigen Begriff bzw. einer kurzen Redewendung, z.B. *Fluß-arm* oder *Berg-Rücken, jemanden ein Loch in den Bauch reden* oder *mit dem Kopf durch die Wand* wollen.

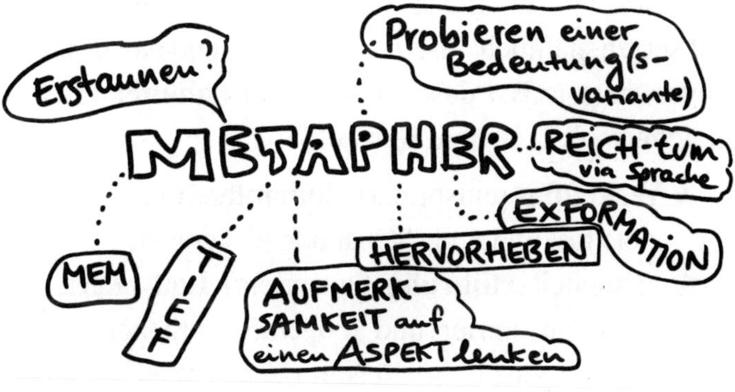

Weitere Beispiele: *Es ist wie gegen eine Mauer zu rennen*, oder wir beschreiben Schwierigkeiten *(es ist zum junge Hunde kriegen)* o.Ä. Oft wird der Vergleich auch in einer Form angeboten, die ich als ***verbale Gleichung***© bezeichne, z.B.:

- Verkaufen **ist wie** Romanlesen (du lernst so viele faszinierende "Charaktere" kennen)
- Mitarbeiterführung **ist wie** Ballspielen (du mußt konzentriert und kooperativ vorgehen)
- Fehler **sind wie** Reisen (jeder Fehler kann deinen Horizont erweitern, wenn du bereit bist auch zu lernen); usw.

Mein Begriff ***verbale Gleichung***© ist ebenfalls eine Metapher: Genaugenommen ist die (normale) Gleichung eine mathematische Operation, aber die Metapher "verbale Gleichung" zeigt, daß wir quasi ein **Gleichheitssymbol** setzen, nämlich: "ist"/"sind" (wie), und daß das, was **davor** steht (z.B. "das Leben") dem **dahinter** in etwa **gleichen** soll (z.B. „ein Karusell"):

- **Verkaufen** (entspricht) **Romanlesen** (du lernst so viele faszinierende "Charaktere" kennen)
- **Mitarbeiterführung** (entspricht) **Ballspielen** (du mußt konzentriert und kooperativ vorgehen)
- **Fehler** (entspricht) **Reisen** (jeder Fehler kann deinen Horizont erweitern, wenn du dazu bereit bist)

Wir müssen uns allerdings, wie Andrew GOATLY* klarstellt, immer darüber klar sein:

**Während eine Metapher EINEN Aspekt der Sache, die sie ab-BILD-et, besonders HERVORHEBT, läßt sie andere HERAUSFALLEN; somit sollten wir, wenn wir eine Sache durchdenken wollen, immer MEHRERE Metaphern finden, damit wir diverse Aspekte durchleuchten können und nicht dem Fehler verfallen, anzunehmen, wir hätten die Sache mit nur EINER Metapher bereits ganz „durchschaut".**

Die meisten Metaphern verwenden wir unbewußt und oft im Wortsinn sogar **gedankenlos**, eben weil wir uns über das Thema oft noch zu wenige Gedanken gemacht haben. Deshalb gilt auch:

**Unsere Metaphern verraten aufmerksamen Zuhörern (oder Lesern) viel über uns; wie auch wir aus den Metaphern unserer Mitmenschen viel heraushören (herauslesen) können.**

Bitte vergleichen Sie, welche Eindrücke folgende Metaphern bei Ihnen als Leser/in auslösen:

bitte umblättern

* Andrew GOATLY in *The Language of Metaphors*

- **Verkaufen ist wie** Schneeschippen (wenn du zum letzten Abschnitt, d.h. dem wichtigen Abschluß, kommst, bist du bereits total erschöpft)
- **Verkaufen ist wie** Erdbeereis essen (die ersten Sekunden eiskalt, aber bald wohlig warm)
- **Verkaufen ist wie** Romanlesen (du lernst so viele faszinierende "Charaktere" kennen)

Oder denken Sie an eine alte arabische "Weisheit", die insbesondere von Lehrern gerne zitiert wird:

- **Lernen ist wie Rudern** gegen den Strom; wenn du aufhörst, fällst du zurück*

Welche Einstellung zum eigenen Beruf steckt hinter dieser beliebten Metapher? Wird hier nicht impliziert, Lernen müsse a priori **anstrengend** sein, sowie daß man **ununterbrochen** rudern muß (also niemals eine kleine Ruhepause einlegen darf)?

Wäre es nicht viel positiver, wenn wir die Metapher optimierten, indem wir z.B. vorschlagen:

---

* Übrigens ist diese Metapher das Ergebnis einer falschen Übersetzung, im Original bezieht sich das Bild des ruhelosen Ruderns auf das Wort DaRaSa, welches „dreschen" oder „schlagen" bedeutet und wohl am besten mit „pauken" oder „büffeln" zu übersetzen wäre. Diese hirnrissigen (keinesfalls gehirn-gerechten) Techniken fordern sehr wohl unablässiges Weitermachen, aber mit Lernen hat dies wenig zu tun (vgl. mein *Stroh im Kopf?* ab der 36. Auflage).

- **Lernen ist wie mit einem Floß flußab** treiben: du siehst wunderbare Landschaften, faszinierende Tiere, interessante Menschen; du erlebst täglich Neues, du kannst aber trotzdem von vergangenen Erfahrungen profitieren, wenn ähnliche Situationen auf deiner Reise auftauchen...

Finden Sie das Bild "zu positiv"? Wollen Sie unbedingt auf Schwierigkeiten beim Lernen pochen? Nun, dann können Sie auch solche "einbauen", indem Sie z.B. hinzufügen: *Zwar mußt du manchmal aufpassen, um Stromschnellen zu bewältigen ...*

Überlegen Sie bitte:

1. **Wie lauten die wichtigsten Metaphern Ihres Leben?** Welche Vergleiche ziehen Sie (häufig)? Ist Ihr Leben oft Mühsal, Einengung, Streß, Kampf oder ist Ihr Leben meistens eher faszinierend, energiegeladen? Sehen Sie Ihre Alltagsbewältigung eher verbissen, genervt, hart oder eher locker, gelassen oder spielerisch? Und: Stellen Sie nicht immer wieder fest, daß Ihre Erwartungen ziemlich genau erfüllt werden?
2. **Wie lauten die wichtigsten Metaphern für Ihre (berufliche) Arbeit?**

3. **Wie lauten die wichtigsten Metaphern für Ihre Partnerschaft (Freundschaft mit...)**
4. **Welche** (neuen) **Einsichten** über Ihre Vergangenheit **können Sie daraus gewinnen?**
5. **Welche Schlüsse können Sie für Ihre Zukunft** ziehen? (Bzw. welche Schlüsse können **andere** Menschen, die Ihnen **zuhören**, über ihr Leben ziehen?)

Wenn Ihnen die Aussagen dieses Beitrages bis hier (weitgehend) einleuchten, dann ist Ihnen jetzt klar:

- **Sie können Kapitän Ihres Lebens-Floßes sein: Wählen Sie ab heute bewußt (statt unbewußt) die Metaphern für alle wichtigen Bereiche Ihres Lebens.**
- **Diese Metaphern beeinflussen, was Sie in Zukunft erleben werden – es sind Ihre eigenen Etiketten, die Lebensfreude abtöten, verhindern, einengen bzw. guten Gewissens möglich machen oder fördern!**
- **Sie können Ihre Metaphern jederzeit ändern, und damit die Zukunft Ihres Lebens bewußt anders gestalten, wenn Sie sie verbessern wollen.**

Da der letzte Satz gerne falsch interpretiert wird, möchte ich klarstellen:

**Das sogenannte negative Denken beschreibt, wie Martin SELIGMAN in seinen Büchern* klar herausgearbeitet hat, z.B. die Fähigkeit, Gefahren zu „sehen" und rechtzeitig zu reagieren, so daß wir sie verhindern können. Diese Art „negativ" zu denken ist wertvoll und wichtig.**

Aber wenn wir feststellen, daß bestimmte Metaphern uns daran hindern, uns zu **entspannen** *(Müßiggang ist aller Laster Anfang)* oder uns unseres Lebens zu **erfreuen** *(für alles muß hart gearbeitet werden)*, dann sollten wir **krankmachende Metaphern** ändern dürfen. Diese **Entscheidung** kann natürlich nur treffen, wem klar ist, **daß** man sie treffen kann!

Leider muß ich immer wieder feststellen, wie viele meiner Seminar-Teilnehmer/innen diese Gedanken völlig neu finden. Metaphern zu suchen und sie zu analysieren, um unterstützende Metaphern zu pflegen und andere zu verändern, ist für viele ganz neu. Welche Erleichterung dies sein kann, kann nur ermessen, wer es einmal versucht. In diesem Sinne gilt: Auch Sie können so manche Aspekte Ihres Lebens, die aufgrund einer unglücklich gewählten Metapher „schwierig" zu sein scheinen, verändern. Unter der Voraussetzung, **daß** Sie wollen! **Wollen** Sie?

---

* z.B. *Kinder brauchen Optimismus!* und *Pessimisten küßt man nicht*

## Die Power von Stories

Geschichten können informieren, motivieren, helfen, etc., wenn sie uns Gleichnisse, **Analogien (Parallelen)**, zu bestimmten Situationen, Dingen, Personen, Problemen etc. in unserem eigenen **Leben** anbieten. Dies gilt auch für eine gute Metapher!! Der Unterschied zwischen einer Metapher und einer Story ist vor allem, daß eine Story mehrere Metaphern enthalten kann. Trotzdem sind beide enorm stark in der Wirkung, die sie auf unser Denken, Empfinden, Weltbild und unsere Erwartungen haben können (wie die Stories in Teil II dieses Buches zeigen werden). Ab jetzt gilt **alles**, was wir über **Stories** sagen, sowohl für die (verborgene) Story **in** einer Metapher als auch für Stories aller Art.

Mit einer **Story** können wir sowohl die **Vergangenheit** als auch die **Gegenwart** besser verstehen. Aber wir können sie auch als Instrument benutzen, um in die **Zukunft** zu spähen (Stichwort: *Szenario Technik*). Wir können, eine mögliche Zukunft **probeweise** durchtesten, denn wir können bei einer Story weit offener reagieren als bei "harten Fakten", die uns oft zu (vor-)schnellem Widerspruch reizen. Bei einer Geschichte (oder einem Fallbeispiel) fält es uns leichter, unser Urteil in der Schwebe zu halten und bis zum Ende zu warten. Dann können wir in

Ruhe feststellen, ob etwaige Einsichten dieser Geschichte auch auf unser Leben zutreffen könnten.

Eine Story erlaubt es uns also, **erst am Ende selbst herauszufinden**, was wir denken.

Viele Stories bieten wunderbare Gleichnisse an, die eine große Lehre (Einsicht) in eine kompakte **transportable Idee** packen, die man mit sich herumtragen kann. Auch kann man eine Story jederzeit wieder hervorholen, sie erneut (wie neu!) betrachten, durchdenken oder **bei Entscheidungen** für den Rest seines Lebens berücksichtigen.

Ist auch für Sie eine Story (Fabel, Legende, Geschichte) irgendwann einmal **so wichtig** gewesen, daß Sie sich **immer wieder** an sie erinnern? Bitte denken Sie an die beiden Fragen (vgl. S. 12). 1. **Welche Story** hat Sie (einst) **sehr beeindruckt**? 2. **Warum?** (Gedanken/Einsichten?)

Haben Sie bereits geantwortet (optimal schriftlich)?

( ) ja

( ) nein, ich will nicht aktiv mitmachen.

Falls Sie meine "penetranten" Hinweise, aktiv mitzudenken, "nerven", so bitte ich um Verständnis. Ich weiß aus Erfahrung, daß sich so manche/r Leser/in meiner anderen Bücher nur wegen dieser kleinen Hinweise "echt eingelassen" hat und hinterher froh war. In Seminaren tauchen in der Pause oft Menschen auf, die sagen: *Wenn Sie mich nicht immer wieder aufgefordert hätten* ... Die Erfahrung hat auch gezeigt, daß selbst "Nur-Leser/innen" bewußter mitdenken, auch wenn sie nichts aufschreiben. Das ist der Minimal-Nutzen, den diese Hinweise Ihnen bieten.

Steigen wir also gleich in eine Story "hinein", anschließend erfahren wir, warum sie einen Menschen einst enorm beindruckt hatte.

## Die Story von Sonne und Wind

Der Wind und die Sonne stritten sich, wer es wohl schaffen würde, den einsamen Wanderer dazu zu bringen, seinen Mantel auszuziehen.

Der Wind blies und stürmte und der arme Mann zog seinen Mantel immer fester um seinen Leib. Dann war die Sonne dran. Liebevoll sandte sie ihre Strahlen aus und schon bald öffnete der Mann den obersten Mantelknopf und kurze Zeit später zog er den Mantel aus.*

* eingereicht von Marlene BERCHTOLD, SME-Consult, Basel

Nun erklärt uns meine Trainer-Kollegin Marlene, warum die Story **eine der wichtigsten Schlüssel-Stories** in ihrem gesamten Leben geworden war und warum sie fast täglich, mindestens jede Woche mehrmals, an diese Story denkt:

> Warum hat die Story mich so beeindruckt? Weil die Kampfenergien des Windes mit **abwehrenden** Gegenmaßnahmen (Mantel fest um den Körper ziehen) beantwortet wurden, während die angenehmen Sonnenstrahlen ein „mit-der-Sonne-Gehen", also ein Ende des Kampfes bewirkten.
>
> Ich habe mich oft gefragt, ob ich auf der Bühne meines Lebens mal wieder **die Rolle des kalten Windes** spiele und mich wundere, daß meine Mitmenschen alle ihre Mantelkragen hochgeschlagen haben. Wenn mir dies bewußt wird, **entscheide** ich mich immer **sofort, die andere Rolle** zu spielen und den Menschen als Sonne zu erscheinen.
>
> Wenn mir meine Wind-Rolle mitten **in** einem Gespräch bewußt wird, dann beginnt meine Sonnen-Rolle mit einem Lächeln und meiner Entschuldigung. Wird mir meine „kalte" Rolle erst **nach** einer Begegnung klar, dann sende ich sofort eine schriftlichen Note (inzwischen haben viele meiner Kontakte sowieso e-mail oder Fax) und schreibe, daß es mir leid tut. **Diese kleinen Sonnen-Aktionen haben schon viele Situationen meines Lebens gerettet und dafür gesorgt, daß meine langfristigen Beziehungen alle sehr gut sind.** Ich kann Ihnen gar nicht sagen, wie froh ich bin, daß ich dieser Geschichte **im Alter von sieben Jahren** begegnete, und daß unsere Lehrerin sie uns so ausführlich erkärt hat!

Eine Story, die einen enormen Einfluß auf **mein eigenes** gesamtes Leben hatte, finden wir dreimal im Neuen Testament, so wichtig ist sie:

> Ein Meister hatte drei Dienern je **ein Pfund** gegeben, damit sie damit *wuchern* (= mit *wachsen* verwandt!) sollten. Als er zurückkam, hatte der erste **zehn** Pfund daraus gemacht. Er wurde reich belohnt. Der zweite hatte **fünf** Pfund erwirtschaftet und wurde auch belohnt, der dritte aber hatte nichts unternommen …

In einer Variation wird von *Talenten* gesprochen (ebenfalls eine Gewichts-Einheit). Beide, das „Pfund“ und die „Talente“, symbolisieren die eigenen Anlagen und Talente, mit denen wir wuchern sollen.

**Diese Story wurde eine der zentralen Metaphern meines Lebens. Ich hörte sie in der Kirche, als ich ca. zehn Jahre alt war.**

Diese Predigt (für die ich jenem Pfarrer ewig dankbar sein werde) enthielt die Botschaft, daß unsere Gaben nicht nur Geschenk sondern auch Verpflichtung sind. Somit ist es nicht nur ein Privileg, das, was uns in die Wiege gelegt wurde, zu nutzen und zu mehren. Wenn jemand ein Talent hat, **muß** er quasi **lernen** (trainieren).

Später begriff ich, wie viele Menschen durch die Erziehung abgehalten werden, ihr ureigenstes POTENZ-ial zu entfalten und zu entwickeln* und so wurde meine Forderung *(nicht **wegen** sondern **trotz** Erziehung)* zu einem zentralen **Lebens-Motto**. Hätte ich diese Predigt damals nicht gehört ...?

* Einiges über einengende Erziehungs-Aspekte finden Sie in: *Der Birkenbihl POWER-Tag*, inklusive Anti-Ärger-Strategien (Ärger wird z. B. dadurch ausgelöst, daß andere sich anders verhalten, als unsere Programme es uns erlauben). Bezüglich einer Strategie, wie Sie Ihr angeborenes, ureigenstes POTENZ-ial finden und trotz Erziehung aktivieren können, vgl. das Modul *POTENZ-ial entfalten* in: *Das Birkenbihl ALPHA-Buch*). Falls Sie mehr in die Tiefe gehen wollen, möchten Sie vielleicht meine Taschenbücher *Kommunikations-Training* und *Erfolgstraining – schaffen Sie sich Ihre Wirklichkeit selbst* lesen. Letzteres enthält das Insel-Modell. Beide sind Longseller, die schon vielen Menschen helfen konnten...

# INFORMATION, EXFORMATION?

Beginnen wir mit einem Begriff, den wir sehr gut zu kennen scheinen. Bitte definieren Sie *Information*:

Information = ______________________________

____________________________________________

____________________________________________

Kennen Sie mein Basis-Modell zur Wahr-Nehmung der sogenannten Wirklichkeit?

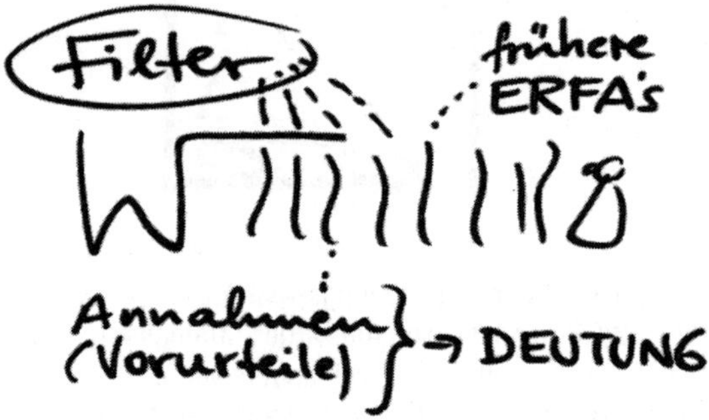


**Rechts** stehen wir (als Wahrnehmende), **links** sehen Sie ein „W" (für *Wirklichkeit*), und **dazwischen** liegen eine Menge Filter, die das Wahrgenommene filtern, noch **ehe** es unser Bewußtsein überhaupt erreicht hat.

Fallbeispiel:

> **Jeep auf Bergtour, Teil 1***
> Zwei Männer fahren in einem Jeep den Berg hinauf, als ihnen ein roter **Sportwagen** mit offenem Verdeck begegnet. Dieser fährt ziemlich knapp um die Kurve, am Steuer eine Blondine; sie schreit **„Schwein!"**, als die beiden Wagen auf gleicher Höhe sind.

**Ein** Wahr-Nehmungs-Filter sind **unsere früheren Erfahrungen** (in der Abb. S. 44 als „ERFAs" abgekürzt). Beispiel: Wer einmal von einem Hund gebissen wurde, wird Hunde fortan **anders wahrnehmen** als jemand ohne diese Erfahrung. Der Volksmund kennt diesen Effekt natürlich: *Gebranntes Kind scheut das Feuer.*

> **Jeep auf Bergtour, Teil 2**
> Die beiden Männer sind stocksauer, der Fahrer ruft ihr etwas „Unaussprechliches" nach … Als die beiden jedoch um die Kurve fahren, rast ihnen ein riesengroßes Wildschwein voll in den Wagen.

Im Klartext: *Wahr-Nehmen* heißt genaugenommen: Teile der Welt herausfiltern und diese dann für wahr (an-) nehmen. Annahmen verändern die Wahrnehmung. Ob diese Annahmen nun von eigenen ERFAs herrühren, oder von erzählten ERFAs anderer (Tatsachenberichte)

---

* Falls Sie die Quelle dieser Story kennen, teilen Sie mir diese doch bitte mit **www.birkenbihl-insider.de** (in der „Wandzeitung" auf der Homepage). Danke!

oder von fiktiven ERFAs (Stories): Die Be-DEUTUNG ergibt sich erst durch die DEUTUNG, die wir selbst der Situation gegeben haben!

Die junge Dame hatte nur warnen wollen! Tja, da haben die beiden wohl „falsch" ergänzt, sie **deuteten** die neue Erfahrung im Lichte ihrer bisherigen Erfahrungen völlig falsch. Wenn wir boshaft wären, könnten wir annehmen, daß die beiden einem Fremden das Wort „Schwein!" wohl nur als Beleidigung zugerufen hätten; daher konnte ihnen auch absolut keine andere mögliche Interpretation „einfallen" (zu-fallen), und deshalb leben wir in einer Welt, die von unseren Ergänzungen und Interpretationen weit abhängiger ist, als man uns früher jemals ange-DEUTET hat.

Also bestimmen unsere früheren Erfahrungen, welche Be-DEUTUNG **wir einer Situation im Hier und Heute geben**. Dies ist für manche schwer zu akzeptieren, deshalb möchte ich Ihnen eine weitere Mini-Fallstudie zu dieser Idee anbieten.

## Die Story vom kranken Probanden

Der Psychiater testet den Kandidaten, indem er einen senkrechten Strich auf einem Blatt Papier zieht: „Was ist das?". Der Proband, wie aus der Pistole geschossen: „Eine stehende nackte Frau, Herr Doktor." Als nächstes probiert der Arzt nun eine waagerechte Linie. „Und was ist das?". Wieder wie aus der Pistole geschossen: „Eine liegende nackte Frau, Herr Doktor." Zuletzt probiert der Arzt eine Linie, die in etwa einem großen Λ (ohne Querstrich) gleicht: „Und das?"

„Das ist eine nackte Frau, die sich bückt, Herr Doktor!" Dieser Kandidat scheint ja wohl „krank" zu sein, so sieht es auch der Doktor: „Ja sehen Sie denn überall nur nackte Frauen?!" – „Wieso ich?", wehrt sich der andere, „wer von uns beiden zeichnet denn die schweinischen Bilder? Doch wohl Sie!"

Kennen Sie das klassische Dilemma* mit psychisch Kranken? Sind sie „einsichtig" (Klartext: akzeptierten

---

* nach Thomas SZASZ

sie das Votum der Götter in Weiß), dann sind sie logischerweise „krank“, denn man heilt ja schließlich nur Kranke, nicht wahr? Und da sie krank sind, kann man ihnen helfen. Ist ein/e Patient/in hingegen „uneinsichtig“ (und wehrt sich gegen die verhängte Diagnose), dann beweist dies nur, wie krank er/sie in Wirklichkeit ist und jetzt muß man ihm/ihr jetzt **helfen**...

Die Annahme, die eigene Weltsicht sei die einzig mögliche (wahre, richtige, gesunde, korrekte, intelligente, kreative, tugendhafte usw.), ist gefährlich. Woher wissen wir denn, ob die Welt uns „schweinische“ Striche anbietet oder ob wir die Linien „nur“ so DEUTEN? Wie können wir jemals wissen, wann eine Annahme besser ist als eine andere, ohne subjektive Maßstäbe zu Hilfe zu nehmen? (Vgl. MERKBLATT NR. 4: *MEMe*, S. 181)

Die Bedeutung, die unsere beiden Männer im Jeep (S. 45) dem Ruf der Fahrerin gaben, war die einer Beleidigung (*Schwein!*). Sie schlossen **aus vergangenen Erfahrungen** und so kam es, daß sie eine hilfreiche **Warnung** für eine **Beleidigung** hielten. Die Psychologie bezeichnet den Mechanismus als *Projektion*, der Volksmund sagt man schließe *von sich auf andere* und meint dasselbe.

**Also liegt die (Be-)DEUTUNG der Jeep-Szene in ihrer DEUTUNG durch Menschen, die ihre heutigen Erlebnisse aufgrund ihrer bisherigen Erfahrungen INTERPRETIEREN.**

Somit sollten wir uns das Konzept, das hinter dieser Idee steht, noch einmal sorgfältig ansehen! Hierbei hilft uns ein brillantes Konzept des dänischen Wissenschafts-Publizisten Thor NØRRETRANDERS: In seinem wundervollen Buch *Spüre die Welt* macht NØRRETRANDERS einen faszinierenden Vorschlag, indem er zwischen **zwei Arten von Info** unterscheidet: Zunächst beginnen wir mit der Art von INFORMATION, an die Sie höchstwahrscheinlich vorhin dachten, als Sie am Anfang dieses Moduls (S. 44) den Begriff definierten. (Oder lesen Sie nur?) Vergleichen Sie Ihre Beschreibung mit folgender Definition, die NØRRETRANDERS aus der Informatik abgeleitet hat: *Information = die bits und bytes: Wieviel Buchstaben, Silben oder Wörter wurden benutzt?*

Man könnte auch sagen, *Information* sind die nackten Daten und Fakten, deren Buchstaben oder Silbenzahl wir zählen können. NØRRETRANDERS stellt fest, daß die Post früher an der gesendeten INFORMATION verdiente (vgl. heute noch das Telegramm, wiewohl es ständig seltener wird).

Wesentlich aber ist die andere Art von „Information" auf die NØRRETRANDERS abzielt, womit er uns zu einer faszinierenden **neuen Einsicht** verhilft.

Es geht nämlich um das, **was wir** (ex = heraus) **auslassen**; das, was wir **nicht** gesagt (geschrieben) haben: die

**Exformation** also.

Das eigentlich Wertvolle in der zwischenmenschlichen Kommunikation ist **nicht** die **INFORMATION**, sondern die **EXFORMATION**.

**Erst diese ausgelassene EXFORMATION macht eine Botschaft für Menschen interessant (im Gegensatz zum Computer, der nur Infos verarbeitet).**

**Beispiel:** Wenn Sie einen Satz hören, bei dem das letzte Wort fehlt, dann können Sie das Fehlende immer … (Na also!)

Ihre **Ergänzung** ist die **EXFORMATION** dieser Botschaft. Jeder weiß, was **gemeint** ist. Meine „Insider" kennen das Beispiel im Restaurant; Sie sind als Gruppe (Familienfeier) beim Essen:

Ober: „Schwein?"
Ihr Tischnachbar: „Das bin ich."

Natürlich fällt es keinem auf, denn **alle** haben die fehlende EXFORMATION in gleicher Weise **ergänzt**. Hier handelt es sich nur um **ein** Wort (*Schwein*), es enthält nur wenige Buchstaben als eigentliche INFORMATION (7) und nur eine Silbe. Also gab es **extrem wenig Info**, sollte man meinen. Trotzdem ist die **Kommunikation komplett, wenn** der Gast **das Unausgesprochene, das Weggelassene,** im Sinne des Obers **ergänzen kann**.

Diese ergänzte Frage (*Wer ist die Person, die das Schweinefleisch bestellt hat?*) beantwortete der Gast korrekt mit: „Das bin ich!", und alle sind zufrieden.

Allerdings können wir **nur ergänzen, was wir kennen.** Das ist der „Kasus knacksus" der EXFORMATION: Stellen Sie sich einen Menschen vor, der noch nie in seinem Leben in einem Restaurant war, der also all das nicht weiß, was wir wissen, z.B.:

- Hier erhält man Essen **gegen Bezahlung**.
- Hier **wird** man **bedient**.
- Wenn der Ober **nicht mehr weiß**, wer was bestellt hat, wird er fragen und **erwartet Hilfe** von uns usw.

Jemand, der von all dem nichts weiß (dessen Insel* keine vergleichbaren Erfahrungen enthielt), würde vielleicht davon ausgehen, die Äußerung „Schwein" könnte

**einen Angriff auf ihn selbst** darstellen, und dementsprechend reagieren. Er könnte jedoch vielleicht auch annehmen, der Ober wolle wissen, ob jemand **mit Namen *Schwein*** am Tisch säße … Genau dieses Ergänzen-Müssen aber bewirkt, daß man sich **„angesprochen"** fühlt! Flache Infos (z.B. eine Nachrichten-Sendung) sprechen uns selten „echt" an!

Wollen wir das Insel-Modell© zu Hilfe nehmen und daran denken, daß jede/r von uns nur die eigene Insel wirklich kennt und sich oftmals für die eigene am meisten interessiert.

---

* Es geht um meine **Insel-Metapher**: Jeder Mensch als Bewohner einer Insel, die alles symbolisiert, was wir „sind". Deshalb können wir unsere Insel nie verlassen; aber erweitern können wir sie – ein Leben lang! (Vgl. vor allem mein Taschenbuch: *Erfolgstraining*.)

Wenn aber Empfänger **ähnliche** Erfahrungen (in ihren **Inseln**) herumtragen, dann können sie prima **hinzufügen (ergänzen), und zwar im Sinne des anderen**. Im Klartext:

> **Exformationen „leben" von Ergänzungen der Menschen. Je ähnlicher unsere Inseln sind, desto ähnlicher sind unsere Ergänzungen, desto mehr Insel-INHALTE werden aktiviert, weil wir uns ER-INNERN, wenn wir unsere eigenen Erfahrungen aktivieren, die an den EXFORMATIONEN „hängen"!**

Nun bietet NØRRETRANDERS eine **zweite** Weisheit an, die das Konzept der Exformation so faszinierend macht:

> **Durch Exformation erhält ein Gespräch Tiefe.**
> **Je mehr Exformation, desto tiefer wird es.**

Das aber ist unglaublich spannend, denn es bedeutet das Gegenteil dessen, was man uns früher suggeriert hat: Früher hat man uns nämlich eingebleut, man müsse sich immer darum bemühen, andere möglichst „umfassend" zu informieren und ja nichts wegzulassen (dafür gab es schlechte Noten in der Schule!), deshalb versuchen wir, möglichst „glasklar" zu reden. Das ist, wie wir heute wissen, nicht einmal für Befehle die beste Kommunikationsform (weil Mitmenschen keine Roboter sind). Aber wenn wir ein echtes Gespräch führen wollen, dann gilt genau das Gegenteil von dem, was uns die Schule weismachen wollte:

> **Eine Information, Botschaft oder Story wird wesentlich REICH-haltiger und be-REICH-ert uns weit mehr, wenn nicht alles gesagt/geschrieben wird.**

Also können wir die **Tiefe** einer Kommunikation als **Garantie** dafür sehen, daß unsere Empfänger sich **angesprochen** fühlen, daß ihnen die **Zeit mit uns kurzweilig** erscheint, daß sie sich **gerne mit uns unterhalten** etc.

Bitte betrachten Sie die folgenden Denk-Bilder:

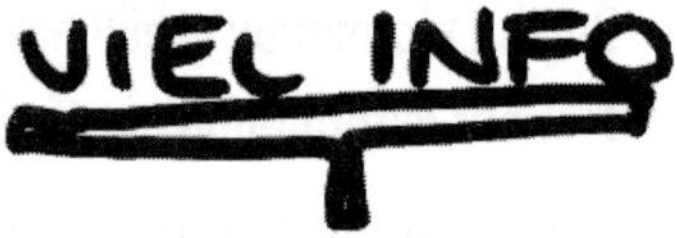


*seichtes Geschwafle*

Ein *seichtes Geschwafel* können wir uns als einen langgezogenen waagerechten „Balken“ vorstellen (mit einem kurzen senkrechten „T-Balken“) viel Info – kaum Tiefe. So sind die meisten „TV-Nachrichten“ und Talk-Show-Sendungen aufgebaut: **Fast Food for the Mind** – Sie bleiben immer hungrig und werden nie satt, denn flache Infos lassen unseren Geist (unsere Seele) de facto verhungern; das ist **geistige Anorexie.** (Oder wenn es Sie schon manchmal „ankotzt“, **geistige Bulemie!**)

Eine *tiefe Botschaft* könnten wir uns so vorstellen (wenig Info im Sinne von Silben oder Wörtern, aber **Tiefe**). Um NØRRETRANDERS zu paraphrasieren:

> *Sie können (die Idee der Exformation) z.B. mit **Märchen** sehr gut testen Ein **tiefes Märchen** kann man hervorragend vortragen. Es möchte immer wieder gelesen und gehört werden, weil da etwas in den Lesern und Hörern passiert. Eine **tiefe** Botschaft bringt in jedem Empfänger Saiten zum Schwingen und Klingen.*

Wir erleben dies als **Resonanz**. Es werden **viele Gedanken in uns angesprochen, aktiviert, ausgelöst**. Resonanz bedeutet *mitschwingen, mitklingen, im Einklang sein.*

> **Resonanz vitalisiert!**
>
> **Wir fühlen uns ganz lebendig, hellwach und vollkommen „da".**
>
> **Wir erleben uns als intelligentes Wesen, das Freude daran hat, faszinierende Gedanken zu entdecken und fortzuführen.**
>
> **Wir erleben uns als Menschen …**

Die Tatsache, daß EXFORMATION neue Gedanken- und Assoziationsketten in uns erzeugt, die uns be-REICH-ern, kann umso besser nachempfunden werden, je öfter man das schon erlebt hat! Es gibt Menschen, die diesen wunderbaren Zustand kaum kennen. Andere wissen genau, was gemeint ist. Sie fühlen sich regelrecht „animiert“ und geradezu beschenkt!

> **Hierin liegt der enorme geistige und/oder seelische Wohlstand, zu dem Stories uns verhelfen. Denn gute Stories sind immer TIEF! Egal wie kurz sie sein mögen.**

Eine Metapher besteht aus einem Wort, ein „Einzeiler“ aus einem Satz (z.B. Aphorismen) und Stories enthalten mehrere Sätze oder gar Absätze. Immer gilt: Gute Stories sind immer **tief** und deshalb ein wunderbares Antidot zu all dem seichten Medien-Matsch, der uns allenthalben geboten wird.

Das Kriterium für TIEFE ist, wie NØRRETRANDERS feststellt, die Wiederholbarkeit. Mit einem tiefen Text können wir uns **immer wieder** befassen, weil er **jedes Mal** weitere **neue Aspekte aufzeigt und neue** Assoziationen uns be-REICH-ern! Ebenso können wir eine gute Hörkassette immer wieder hören oder einen großartigen Film immer wieder sehen.

## Aufgabe: Mit anderen reden

Sprechen Sie mit mindestens zwei Personen über diese Gedanken (dies ist auch telefonisch oder per e-mail möglich, falls Sie gerade alleine sind). Registrieren Sie bei diesen Unterhaltungen bewußt, wie sehr solche Gespräche anregen (wie eine gute Tasse Tee) und wie sie darüber hinaus die Ver-**BIND**-ung von Mensch zu Mensch ver-**TIEF**-en und so alle Betroffenen be-**REICH**-ern.

Wie schon angedeutet: **TV-Nachrichten sind meist flach.** Zwar bieten sie **viele Infos**, doch die meisten dieser Meldungen haben für uns **keine Bedeutung**. Neil POSTMAN zeigt (in seinem brillanten Buch *Wir amüsieren uns zu Tode*), daß die brennende Lagerhalle in der Nachrichten-Sendung null Wert für uns hat. Sie hätte vielleicht einen, wenn es unsere eigene Lagerhalle wäre, aber dann erführen wir es sowieso. Ähnlich ist es, wenn wir durch die Nachrichten ins Bild gesetzt werden über einen (weiteren) Flugzeugabsturz, ein (weiteres) Verbrechen, einen (weiteren) Autozusammenstoß auf nebliger Autobahn usw. All diese sogenannten Nachrichten sind *Fast Food for the Mind* (geistige Schnellküche) und ungesund, wenn in Übermaßen „genossen“ wobei man eigentlich gar nicht von *Genuß* sprechen kann. Je mehr dieser Pseudo-Botschaften wir in uns „hineinfressen“, desto größer wird die **innere Leere**, unter der wir leiden. Es gibt viele flache Sendungen im Fernsehen, die ja nicht von ungefähr als „flache Scheibe" bezeichnet wird. Es ist fast symbolisch, daß die Fernseher wirklich völlig flach werden…

Als meine Eltern unseren ersten Fernseher kauften, war ich 17 Jahre alt. Ich gehöre zu den glücklichen Menschen, die bis zu diesem Alter keinen Fernseher in der Bude hatten. Damals gab es **regelmäßig** Sendungen von **über einer Stunde Länge**, in denen sich **zwei Leute einfach unterhielten**. Es hat sich nicht viel bewegt, es wurden keine unpassenden Töne (oder gar Musikstücke) dazwischengeschoben, es gab keine schnellen Schnitte. Aber **in den Gesprächen** wurde **Gehalt** (d.h. **TIEFE**) geboten, und **deswegen** schauten und hörten die Menschen gerne zu. Da **bewegte** sich etwas **in ihrem Inneren** (weil Inhalte ihrer Inseln angerissen wurden).

Als ich Ende 1972 aus Amerika zurückkam, dauerten Gespräche dieser Art maximal 30 Minuten. (Spiele-Shows waren inzwischen eineinhalb bis zwei Stunden lang geworden, Spielfilme je nach Genre.) Man hatte **tiefe Gespräche** dramatisch **geschrumpft**. Dabei wurde gerne behauptet, die **Aufmerksamkeitsspanne** der Zuschauer dauere maximal 30 Minuten. Dann müsse unbedingt ein Themenwechsel stattfinden. Wissen Sie, was man heute über Ihre **Aufmerksamkeitsspanne** sagt?

**Antwort**

**Sie läge bei 30 Sekunden! Wenn Sie Dokumentarfilme anschauen, dann haben Sie spätestens nach 30 Sekunden einen Schnitt. Dann erleben Sie ein lautes Geräusch, oder es fährt ein Bus an der Kamera vorbei usw.**

Zum Teil ist die Werbung **tiefer** als die Sendung, in der Sie sie sehen. (Kameratechnisch ist sie heutzutage oft qualitativ besser.)

Es muß sich nämlich immer etwas bewegen, weil laut Meinung der TV-Macher alle Leute so blöd sind! Je flacher der Mist, den Sie angeboten bekommen – eben jenes **Fast Food for the Mind** – desto mehr muß man Sie mit schnellen Schnitten usw. davon abhalten, in einen anderen Sender zu zappen. Mit dieser Pseudo-Activity hält man Sie bei Laune. Man will nämlich Ihre Aufmerksamkeit auf diesen Sender lenken, wegen der Quoten, insbesondere bei Sendungen, die genaugenommen nichts anderes sind als Vorbereitung für Werbung.

Das heißt natürlich nicht, daß Sie mit Ihrer Aufmerksamkeitsspanne nicht in der Lage wären, am Ball zu bleiben, wenn sich da nichts bewegt, sondern das heißt:

Je flacher der Inhalt, desto spannender muß man die Verpackung machen, **damit Sie dranbleiben**. Wenn wir aber ständig **Fast Food** zu uns nehmen, dann erleben wir ähnliche Verdauungsprobleme wie bei zu vielen *Pommes mit Mayo, Curry-Würsten, Kartoffel-Chips* etc., wobei wir **gleichzeitig immer hungrig** sind (und bleiben!). Dies führt zu gähnender **innerer Leere**.

Deswegen zappen die Menschen verzweifelt von einer Sendung in die andere (in der unbewußten Hoffnung, irgendwann einmal auf etwas **Tiefe** zu stoßen). Ab und zu gibt es Sendungen mit **Tiefe** sogar bei einem Sender, der Werbung hat. Das merken Sie sofort: (**Test 1**).

**Test 1: Woran denken Sie während der Werbung?**

Bleiben Sie gedanklich **am Thema** der Sendung? Oder **unterhalten** Sie sich, wenn andere dabei sind? Denken Sie über die Sendung nach? Oder fragt jemand: „Wo fahren wir heuer in Urlaub hin?“ und Sie unterhalten sich jetzt darüber (bzw. Sie lesen, bis die Werbung vorbei ist). Was tun Sie in den Werbepausen?

**Test 2: War diese Sendung zu flach?**

Wenn Sie eine Sendung zu Ende gesehen haben und Sie sagen: „Mal sehen, was jetzt kommt!“, dann hat diese Sendung Sie **nicht satt** gemacht. Wenn aber das, was

Sie gesehen, gehört, gelesen haben* **Tiefe** hatte, dann möchten Sie nach der Sendung abschalten, nachdenken oder mit jemanden darüber sprechen. Keinesfalls möchten Sie jetzt noch mehr in sich „hineinschaufeln"!

## Zwei Trainings-Aufgaben:

1. **Prüfen Sie eine Woche lang sehr genau,** wie stark Sie dazu neigen, ausschließlich oder vorwiegend flache (seichte) Sendungen (Filme, Videos, DVDs) zu **sehen** (bzw. flache Texte zu **lesen**), und fragen Sie sich, ob Sie das weiter so halten wollen?!
2. **Stellen Sie analog dazu fest,** wie groß der flache (oder **seichte**) Anteil an Ihren **Gesprächen** ist. Je nackter die **Information** (z.B. *Es ist keine Marmelade im Haus.*), desto flacher ist die sogenannte Unterhaltung, die genaugenommen überhaupt keinen Unterhaltungs-WERT besitzt!

---

* das gilt ja für das **Lesen** genauso (deswegen sind so viele **bunte Bildchen** in den Zeitschriften oder Farben unter dem Text; man kann sie **gut anschauen, aber schlecht lesen**)

## Veränderung gewünscht?

Falls Sie feststellen, daß Sie etwas ändern wollen (oder wenn Menschen, die Sie kennen, etwas ändern wollen), so sollten die Betroffenen **langsam vorgehen**! Ähnlich wie Menschen nach dem Fasten langsam an „richtige Nahrung" gewöhnt werden müssen, soll man es langsam angehen. Tiefe Kommunikation (inkl. tiefe Filme, Romane etc.) kann sehr **REICH** sein, anfangs vielleicht zu **reich**-haltig für Leute, die zu lange nur Fast Food gewöhnt waren.

> **Wer zu schnell zu viel ändern möchte, könnte die neue „Kost" zu *anstrengend* finden und deshalb schnell wieder zu Bekanntem, Vertrautem und Einfachem zurückkehren wollen. Schade …**

Ähnliches gilt für Gespräche mit anderen. Menschen sind komplex. Kommunikation mit komplexen Lebewesen muß zwangsläufig ebenfalls komplex sein.

Wenn wir unsere Mitmenschen **nicht** auf den kleinsten gemeinsamen Nenner reduzieren, sondern uns statt dessen (zur Abwechslung?) „echt" auf sie einlassen, dann gewinnen wir **enorm**. Wenn es uns gelingt, uns wirklich mit den Inseln dieser Menschen zu befassen, und wenn wir versuchen, ihre **Tiefen** besser auszuloten, dann kann es bald wieder außerordentlich spannend sein, ein sogenanntes „einfaches“ Gespräch zu führen…

# Stories als Vehikel für Ideen

Nehmen wir an, wir wollen jemandem etwas erklären. Wir können versuchen, nackte Fakten (Informationen) aneinanderzureihen, aber wir wissen aus Erfahrung, daß dieser Weg nicht optimal ist. Haben wir hingegen zu diesem für uns wichtigen Punkt eine tolle Story (mit Personen, mit denen unsere Mitmenschen sich identifizieren können), dann wird es leicht. Denn nun können andere das, was wir sagen, wirklich nachvollziehen.

Nehmen wir an, Sie wollen eine Person trösten, die sich bei Ihnen Rat holen will. Sie kennen sie gut und können ihre Leistungsfähigkeit gut beurteilen. Einerseits begreifen Sie, daß sie sich große Sorgen über ihre Fertigkeiten macht, andererseits halten **Sie** diese Sorgen für völlig absurd. Nehmen wir nun an, Sie führten ein „normales" Gespräch, in dem Sie ihr klarzumachen versuchen, wie ok sie doch in Ihren Augen sei. Das heißt, Sie **versuchen** zu überzeugen, indem Sie reden (vgl. überreden). Denn je mehr Sie zuhören, desto mehr kann die Person von ihren Ängsten sprechen; Sie wollen sie ja aus diesen Gefühlen „retten", also reden und reden Sie und merken enttäuscht, daß es nicht viel bringt…

Nun nehmen wir an, Sie versuchen es mit einer Story! Sie versuchen also **nicht**, der Person einzureden, ihre

Sorgen seien „Quatsch“, sondern Sie sagen: *Weißt du (Wissen Sie), das erinnert mich an eine Geschichte. Es war in China, vor langer Zeit und es ging um einen Pinsel:*

## Die Story vom Roten Richter

Im alten China konnte jeder Bürger sich zu besonderen Prüfungen anmelden, wenn er in den Staatsdienst wollte. Allerdings war man unserer Zeit weit voraus; es ging bereits sehr gehirn-gerecht zu. Egal was man werden wollte (z.B. Ingenieur), man mußte **auch** in **Poesie, Kunst, Malerei und Kalligraphie gute Kenntnisse nachweisen** und nicht nur im eigentlichen Studienfach (z. B. im Ingenieurwesen).

Nun geht so ein Student, der große Angst vor den wochenlangen Poesie-Prüfungen hat, in den Tempel, um zum ROTEN RICHTER zu beten. Das war eine **Götterfigur**, dessen **Pinsel** seine große Fähigkeit symbolisierte, mit Wort und (Schön-)Schrift umzugehen. Zu diesem roten Richter betet unser verzweifelter Student. Plötzlich erwacht die Statue zum Leben, beugt sich herab und eine dröhnende Stimme sagt: „Nimm meinen Pinsel, du Mensch! Und in drei Monaten, am Tag nach der letzten Prüfung, bringst du ihn zurück!“

Überglücklich eilt er von dannen; er besteht alle Prüfungen summa cum laude. Er wird sogar für seine Gedichte als Poet geachtet (Gedichte, die er in diesen Prüfungs-Wochen schrieb).

bitte umblättern

Inzwischen hat er Zugang **zum Dichten** gefunden, ja zu **dieser Art von Denken**, welche **das Dichten** (das **Verdichten** von **Ideen**) trainiert, was ihn zu völlig neuen Einsichten geführt hat. Er hatte durch den heiligen Pinsel des roten Richters erstmals in seinem Leben begonnen zu begreifen, warum jeder (auch ein Ingenieur) lernen mußte, zu dichten. Und er findet das wunderbar und beglückend, wie er erstmals in seinem Leben seine Gedanken und seine Emotionen einigermaßen auszudrücken vermag. Ja, er hat den Sinn vom Gedichteschreiben begriffen und er möchte gerne weitermachen, aber ohne den Pinsel des roten Richters…? Schon Tage vor dem Abgabe-Termin überwältigt ihn die Verzweiflung, aber der Tag rückt immer näher, an dem er den Pinsel zurückgeben muß. Er schreibt noch so viel wie möglich, solange er noch den Pinsel hat, aber es wird ihm von Tag zu Tag klarer, daß ein Leben nicht ausreichen würde.

Dann ist es soweit. Wieder geht er in den Tempel und betet: *Lieber roter Richter, laß mir den Pinsel noch einige Monate, Wochen oder auch nur Tage! Ich würde ihn so wahnsinnig gerne noch länger nutzen. Das ist so toll, das fließt aus mir heraus, es entwickeln sich so tolle Ideen …* Und der rote Richter bewegt sich wieder, er lacht laut und schüttelt den Kopf und ruft mit drohender Stimme: *Du Narr. Du kannst mit jedem Pinsel schreiben!*

Bei einer „guten“ Story kann sich der Hilfesuchende identifizieren, in diesem Fall mit dem Studenten, der sich nichts zutraut. Ihr Hörer kann jede Phase der Story echt be-GREIF-en, denn vergleichbare Hemmnisse, Ängste und Hindernisse liegen zuhauf in seiner „Insel“* herum. Am Ende wird er genau so vom letzten Satz des roten Richters überrascht, wie der junge Mann in der Story. Bei so einem Gespräch, da „passiert“ etwas, da „erreichen“ wir unsere Mitmenschen, können wir „echt helfen“. Deswegen sollten Sie so viele Stories wie möglich sammeln und erzählen!

PS: In einem chinesischen Kommentar zu dieser Story heißt es: *Die Wahrheit liegt in dir, nicht in Äußerlichkeiten, also auch nicht im Pinsel.*

## Hinweise für Profis

Angefangen bei guten Muttis, Vatis, Brüdern, Schwestern, Tanten, Onkel und Freunden bis hin zu professionellen Vortragenden, Dozenten, Führungskräften, Gruppenführern, Trainern, Lehrern, Ausbildern, Pfarrern etc. Wenn wir es „professionell“ angehen wollen, dann bedeutet dies:

---

* vgl. mein Taschenbuch: *Erfolgstraining*

1. **Stories suchen und sammeln.** Dieses Buch bietet eine gewisse Zahl von Stories, damit Sie sofort „loslegen“ können. Im Literatur-Verzeichnis finden Sie eine Reihe von Story-Sammlungen (jeder dieser Titel ist mit einem * gekennzeichnet und grau hinterlegt) außerdem gibt es im **Internet** jede Menge Geschichten (Stichwörter: *Fallstudien, Szenarios*), auch lustige (Stichwort: *Witze*!).
2. **Stories themenbezogen sortieren**, um sie später gezielt aussuchen zu können. Wir alle kennen Schwätzer, die ständig Geschichten erzählen, die entweder keinen Bezug zum momentanen Thema haben oder, schlimmer noch, einen Bezug versprechen, der aber nicht oder nur halb „paßt“. Hier fühlen wir uns „verschaukelt“. Menschen, die bereit sind, sich auf eine Story einzulassen, sind prinzipiell bereit, sich in der TIEFE (ihres Wesens) ansprechen zu lassen. Wird diese Bereitschaft verspielt, dann reagieren wir eher „sauer“. Deshalb meinen manche, Stories würden nur die Zeit totschlagen. **Falsch** (eingesetzte) **Stories** müssen diesen Eindruck hinterlassen!
3. **Stories (zu-)ordnen**. Sortieren Sie Geschichten und legen Sie sie mit verschiedenen Stichworten **so** ab, so daß Sie später auf jede gezielt zugreifen können. Manche Stories können unter diversen Stichwörtern

abgelegt werden. Fallbeispiel: die *Story vom Pinsel.* Sie „läuft“ bei mir unter:

- **Evolution** (des Individuums),
- **Fähigkeiten/Fertigkeiten,** Selbst-/Fremd-Einschätzung, SWG (= Selbstwertgfühl)
- **Pinsel**
- **POTENZ**-ial (nutzen)
- **Richter** (roter)*

4. **Erst selber „denken lassen“.** Als Erzähler/in muß man es dem „Publikum“ (oder den Ratsuchenden) überlassen, ihre ersten Einsichten aus der Story zu ziehen.

Nichts ist schlimmer als jemand, der eine Story erzählt und sich dann sofort daran macht, die Interpretation (Deutung) mitzuliefern.

Das mindeste ist eine Denk-Pause, die Sie, liebe Leserin, lieber Leser ja auch jederzeit einlegen können. Aber als Zuhörer ist man Opfer dessen, der gleich weiterspricht. Merke: Wer mit erhobenem Zeigefinger dozieren will, kann seinen Vortrag gleich ohne Geschichte halten. Dieses unmittelbare Belehren raubt nicht nur jeder Story ihre Wirkung sondern vergrätzt die Opfer, sie

---

* Merke: Diese Stichwörter müssen **mir** etwas sagen, **nicht** Ihnen. Meine Liste dient „nur“ der Illustration (nicht der inhaltlichen Information).

werden in Zukunft auf Stories von dieser Person nicht mehr scharf sein (und bald auf überhaupt keine Stories mehr). Wie schade!

5. **Nachdem Ihr/e Zuhörer/in uns (und/oder andere Anwesende) zu einer Diskussion einlädt**, dürfen wir (alle) über die Story reden und jede/r einzelne kann seinen oder ihren Senf dazugeben". Andernfalls wird „Unterricht" daraus und das erinnert die meisten in fataler Weise an entsetzliche Schulstunden, in denen („falsche") Stories vorgelesen wurden, die anschließend „analysiert" werden **mußten** (und das meist im Sinne der Lehrkraft). Wie traurig, daß man hier Abertausenden von Menschen eine geistige Armut vorführte, die in einem potentiell enormen

REICH-tum lebten und doch des Hungers fast starben (und dabei geistig/seelisch sehr verkümmerten).*

6. **Um eine Story zu be-GREIF-en**, müssen gleiche Elemente in den jeweiligen Inseln „greifbar sein". Stories helfen, neue Überschneidungen zwischen unserer Insel und der unserer Mitmenschen zu entdecken bzw. zu schaffen. Merke:

Bei Überschneidung finden unsere Mitmenschen Gespräche mit uns nämlich interessant, faszinierend, spannend usw. Sie finden uns auch nett, sympathisch, intelligent usw.

**Und umgekehrt:** Ohne Überschneidung empfinden die meisten Menschen andere als **im Unrecht, unsympathisch, stur** usw.

* Das es auch anders geht, beweist die Story von Sonne und Wind, S. 40, die meine Trainer-Kollegin ja in der Schule kennenlernte!

**PS:** Ich wage es kaum zu sagen, aber eigentlich müßte jede Story gut vorgetragen werden*. Vielleicht ist auch dies ein Grund, weshalb bei uns so selten Stories erzählt werden. Im Gegensatz zu den angelsächsischen Ländern genießen Schüler/innen und Student/innen **bei uns so gut wie keine rhetorische Ausbildung,** es gibt **kaum rhetorische Wettbewerbe** und (fast) **keine Debattier-Clubs,** weder an den (Hoch-)Schulen noch privat. In England oder Amerika konnte so manche/r, der/die einen Sieg bei einem rhetorischen Ereignis davongetragen hatte, eine gute Position bekommen, auch wenn die Noten nicht so toll waren. Denn, um bei einem solchen Wettbewerb zu gewinnen, muß man die Fähigkeiten beherrschen, die in vielen Firmen gefragt sind:

- eigenständiges Recherchieren,
- gut zuhören können und
- auf die Argumente des Gegenübers eingehen,
- Menschen überzeugen.

---

* Ob Sie die Story frei (nach-)erzählen oder **ablesen** wollen - in beiden Fällen wird ein guter Vortrag (im Wortsinn) die Wirkung der Story entscheiden. Testen Sie dies, indem Sie eine phänomenale Geschichte herunternuscheln und einen einfachen Witz richtig gut vortragen. (Vgl. auch mein Taschenbuch: *Humor – an Ihrem Lachen soll man Sie erkennen.*)

Wenn Sie Interesse haben, brauchen Sie nicht zu verzweifeln. Neben teilweise ausgezeichneten (und preiswerten) Kursen an der Volkshochschule können Sie sich diese Fähigkeiten im Zweifelsfall auch (fast) alleine aneignen. Man braucht nur einige Leute, die gezielt an sich arbeiten wollen und die sich regelmäßig treffen, um sich gegenseitig Stories zu erzählen, über die man anschließend einfach so reden darf. Einmal pro Woche, statt passiv fernzusehen vielleicht ...?

Lassen Sie uns dieses Modul mit einer Geschichte beschließen, die das Konzept der Wirtschafts-Ethik gehirngerecht „rüberbringt"!

## Schuß von der Kanzel: Ethik oder die 101. Kuh*

von Dr. Monique R. SIEGEL**

Vor Jahren habe ich mir zur Eröffnung eines Symposiums zum Thema „Wirtschaftsethik", für das ich verantwortlich war, zwei Persönlichkeiten eingeladen: einen Mann und eine Frau. Er, einer der Wirtschaftsführer weltweit - erfolgreich, etabliert, eloquent. Sie, eine Frau, die es zu hohen, akademischen Würden gebracht hatte - erfolgreich und etabliert, ja, aber nicht unbedingt eloquent. Der Wirtschaftsführer kam zuerst, er

* Quelle Alpha, 23.12.00 Beitrag aus der Sonntagszeitung Villmergen (CH)
** Siehe Kasten auf S. 74

sprach und stand frei und wußte um die Wirkung seines Aussehens und seiner Worte. Ganz anders die Wissenschaftlerin. Körperhaltung, die leise Stimme und eine gewisse Unbeholfenheit signalisierten, daß sie eigentlich gar nicht am Rednerpult stehen wollte (sondern dort eher Zuflucht suchte) und 300 Zuhörer eigentlich gar nichts zu sagen hatte, sich aber verantwortungsbewußt ihrer Aufgabe entledigen wollte. Schwierig für sie, nach ihrem Vorredner aufzutreten, dessen geschliffenes Wirtschaftsvokabular und souveräne Vortragsweise alle beeindruckt hatte.

Monique R. SIEGEL (www.siegel.ch) ist Innovationsberaterin sowie Publizistin und Autorin. Ihr Buch: **Über den Umgang mit Menschen. Moral und Stil im 3. Jahrtausend.** (Orell Füssli, 3. Aufl. 2000) behandelt den Verlust der Werte in der Wirtschaft. In dieser Rubrik schreiben Wirtschaftsethiker aus Wissenschaft und Praxis zu frei gewählten Themen.

Nachdem man sich an ihre eher leise Stimme und ihre sparsame Sprache gewöhnt hatte, begann man sich auch für den Inhalt ihrer Ausführungen zu interessieren. Aber plötzlich hörte man ihr gebannt zu, denn sie zog ihr Publikum in eine Geschichte hinein - eine einfache, kurze Geschichte, mit der sie in ein paar Worten erklärte, was Ethik ist:

"In einem Dorf gibt es 100 Bauern, die vereinbart haben, daß jeder täglich eine Kuh auf die Allmend schicken darf. Das funktioniert sehr gut über einen längeren Zeitraum.
Eines Tages jedoch sieht ein Bauer, wie sein Nachbar nicht nur eine Kuh, sondern zwei Kühe in die vorbeiziehende Herde schiebt. Er traut seinen Augen nicht, möchte aber ganz sicher gehen. Also steht er am nächsten Morgen um dieselbe Zeit wieder am Fenster und siehe da: Wiederum sind es zwei Kühe, die der Nachbar aus dem Stall läßt. Der Bauer ist

empört, aber nicht lange. Sehr bald nämlich kommt ihm eine Idee: "Wenn das mit den zwei Kühen bisher bei meinem Nachbarn gutgegangen ist, dann wird es sicher auch nichts ausmachen, wenn ich täglich eine zweite Kuh auf die Allmend schicke". Gedacht, getan - und so sind es nun 102 Kühe, die dieselbe Futtermenge beanspruchen.

Natürlich bleibt das nicht lange unbemerkt, und jede Woche gibt es mehr Kühe auf der Weide, die für 100 von ihnen reichlich Nahrung spendete, aber für 120, 130 oder gar 150 jedoch nicht mehr brauchbar ist. Und so bricht nach einer gewissen Zeit ein System zusammen, dessen Basis Anständigkeit, Ehrlichkeit und Vertrauen waren.

"Ethik, meine Damen und Herren", kam die Rednerin zum Schluß ihrer Ausführungen, „ist also ganz einfach: Es ist nicht die Menge der Kühe, die die Allmend* ruiniert, sondern die 101. Kuh. Ein Einzelner, der das System unterwandert, genügt, um es zusammenbrechen zu lassen".

Der Applaus war lang und herzlich, aber das schönste Kompliment hat sie gar nicht mitbekommen. Während der drei Tage des Symposiums sind nicht einmal die geschliffenen Worte des Wirtschaftsführers zitiert worden, aber alle haben dauernd von der 101. Kuh gesprochen.

---

* Schweizerisch für Almwiese

# Können Stories uns ändern?

Na, was glauben Sie?

( ) **Klar** kann eine Story Menschen verändern.

( ) Ich bin **nicht sicher**.

( ) **Quatsch!** Nur Er-**LEB**-nisse können Menschen dauerhaft verändern, keine Stories!

**Um Verhalten (dauerhaft) zu ändern** (unser eigenes oder das anderer Menschen), **brauchen wir**, was die Amerikaner so schön eine **„new emotional experience"** (= eine neue gefühlsmäßige Erfahrung) nennen. Diese **neue emotionale Erfahrung** (also die Exformation) muß in unserem **Herzen** etwas bewegen, nicht (nur) im Kopf! Sie kann (und wird in der Regel) eine wichtige **Einsicht** enthalten, aber **Logik und Ratio allein werden niemals Verhalten verändern!**

Was wir benötigen, nannte Karl BÜHLER das ***Aha-Erlebnis***. Er sprach **nicht** von der *Aha-Schlußfolgerung* (Logik & Ratio), sondern von einem **Er-LEB-nis**, das das **ganze LEBewesen** erfaßt! Somit beschreibt das *Aha-Erlebnis* wieder Exformation und Tiefe, hier in Form einer neuen emotionalen Erfahrung!

Einer der besten Wege, eine neue emotionale Erfahrung zu schaffen, sind **Stories**. Geschichten können aufgrund der großartigen Fähigkeit des Menschen, seine Phantasie zu nutzen, (fast) so gut wie real Erlebtes sein.

**Wenn eine Story unser Hirn & Herz bewegt, dann hat sie in uns eine Bereitschaft geschaffen, etwas zu verändern. In anderen Worten: Jede Story kann eine andere (zukünftige) Wirklichkeit erzeugen als jene, die wir ohne diese Story erlebt hätten.**

Als ich im Laufe meines Psychologie-Studiums in den USA den **Lehrsatz der neuen emotionalen Erfahrung** kennenlernte, fiel mir ein **Schlüsselerlebnis** dazu ein, eine Story. Sie begegnete mir in einem *Readers Digest* (Rubrik „wahre Geschichten"), als meine Mutter sie uns vorlas. Diese Schilderung hat mein Leben **maßgeblich** beeinflußt, wobei mir erst Jahrzehnte später klar wurde, wie ungeheuer die **Power** ist, die von **Stories** ausgehen kann und inwieweit Stories uns helfen können.*

**Stichwörter zum Verständnis der folgenden Geschichte:** Es geschah ca. **1953**, als eine Frau aus den Südstaaten/USA unter der Dusche durch kochend heißes Wasser verletzt wurde. Sie erlitt Verbrennungen 3. Grades, über 40% der Körperoberfläche waren

---

* Diese Story wirkte lange im Unbewußten – bis sie mir wieder „einfiel". – So können Stories auch die Menschen beeinflussen, die sich für besonders „sachlich" + „rationell" (also story-los) halten.

betroffen, es bestand akute Lebensgefahr. Sie wurde in eine Klinik gebracht, die auf Verbrennungen spezialisiert war…

## Die Nacht vor der Tortur*

**Die Story:** Während der ersten Wochen kam es zur ersten Bildung von **hauchdünner neuer Haut,** und zu diesem Zeitpunkt stand den Patienten ein erstes „Bad" bevor (Eintauchen in eine besondere Lösung, die jene neue Haut sichern und pflegen sollte). Vor diesem „Bad" hatten alle entsetzliche Angst und konnten in der Nacht davor keine Minute schlafen. Nun hatte sich in jenem Krankenhaus ein Ritual herausgebildet: In der letzten Nacht leistete eine Person dem Patienten Gesellschaft, die diese Tortur bereits hinter sich hatte und die inzwischen das nächste Stadium (wie eine Mumie in Bandagen eingewickelt zu sein) erreicht hatte. So auch bei jener Frau. In ihrem Fall war es eine männliche „Mumie".

Manchmal wurden solche Nächte schweigend verbracht, manchmal wurde gesprochen. In ihrem Fall sprach die Mumie mit ihr.

Durch die ruhige, verständnisvolle, liebevolle Art half diese Mumie unserer Frau, ihre Seelenruhe „hinter" der totalen Panik wiederzufinden und jene Nacht sowie das „Bad" am Morgen mit einem Rest an Würde durchzustehen.

Ungefähr vier Wochen später, als unsere Frau inzwischen selbst das Stadium der „Mumien" erreicht hatte, war bei jener Mumie die nächste

* Frei nacherzählt (ursprüngliche Quelle: Reader's Digest, ca. 1956/1957).

Phase fällig (Abnehmen eines Teils der Verbände, insbesondere an Gesicht und Händen). Dabei stellte sich heraus, daß ihre „Mumie" einer jener Menschen war, die sie als Südstaatlerin als **kindlich** einzustufen gelernt hatte (als **unreif, unfähig,** sich intellektuell zu entwickeln usw.) So sah man (noch Ende der 50er Jahre) in ihrer Familie und Umgebung afroamerikanische Mitbürger. Sie berichtete ehrlich von ihrem Schock!

Ihre ganze Weltsicht (Weiße müssen Schwarze bevormunden, anleiten und für sie sorgen) war in diesem Augenblick zusammengebrochen, als diese Person ihr Zimmer betrat und sie diesen Menschen an Stimme und Sprechweise wiedererkannte und im Nachhinein begreifen mußte, daß dieser Mensch ihr geholfen hatte, **die schwerste Nacht ihres gesamten Lebens durchzustehen.** Ohne die Weisheit und die Reife gerade jener Person wäre ihre Nacht der Tortur und das erste „Bad" am nächsten Morgen viel schlimmer gewesen.

Dieses **Er-LEB-nis** hat das **LEBEN** dieser Schreiberin innerhalb von Minuten dramatisch geändert: Niemals wieder würde sie schwarze **Mit-Menschen** ohne Respekt sehen und behandeln können. Vorher waren Schwarze für sie wie kleine Kinder gewesen. Jetzt hatte ihre **neue emotionale Erfahrung** sie **über Nacht verwandelt**. Aber was noch erstaunlicher ist:

**Ähnliches kann jeder Person widerfahren, die jene Story gehört oder gelesen hat!**

Durch eine neue emotionale Erfahrung (ob real oder virtuell)* wird quasi das alte Etikett abgelöst, das auf einer Sache oder Person klebte (vgl. MERKBLATT Nr. 1: *Nomen est omen*, S. 164)

Über das Inhaltliche dieser Geschichte hinaus barg sie für mich eine Zeitbombe! Mit ca. neun Jahren registrierte ich **durch diese Pseudo-Erfahrung** bewußt, wie beschränkend (!) Vorurteile jeder Art sein können, aber ich begriff (erst viele Jahre später, als die Zeitbombe losging) **zusätzlich**:

**Jede Story entspricht einer mentalen Form von VR (virtueller Realität) und kann ein ähnliches emotionales Erlebnis in uns auslösen, wenn wir uns mit mindestens eine Person in der Geschichte identifizieren! Stories verdanken ihre WIRK-ung der Exformation; deshalb „funktionieren" sie so gut.**

Dies gilt ebenso für Fabeln, Parabeln oder **Gleichnisse**, die uns große Meister (wie Buddha oder Jesus) seit Jahrtausenden erzählen, eben weil sie damals bereits wußten: Geschichten aller Art lösen **neue emotionale Erfahrun-**

---

* Das ist „virtuelle" Wirklichkeit ohne Technik!

**gen** aus und können deshalb das **Verhalten** der Zuhörer/innen (Leser/innen) **verändern**. Allerdings muß noch ein Faktor dazukommen, damit keine Verhärtung des alten Zustands sondern eine **Veränderung** stattfindet. Bevor wir das kleine Geheimnis lüften, eine Scherzfrage:

> Wie viele Psychiater sind notwendig, um einen Rocksaum zu ändern? Antwort: Nur einer, aber der Rocksaum muß **bereit** sein, sich zu ändern!

Dasselbe gilt hier: Werden wir mit einem Schockerlebnis konfrontiert (wie die Frau in der Klinik), dann stellt dieses eine immense **HERAUS-Forderung** dar (weil es uns aus alten Denk- und Verhaltens-Rillen HERAUS-reißt (sonst sprächen wir ja von einer HINEIN-Forderung!). Und nun stellt sich die Frage nach Ihrem Mut:

> **Mutige Menschen können sich HERAUS-Forderungen stellen und sich verändern. Andere weichen in ihre altvertraute Schale zurück, kleben alle Risse und stopfen jedes Loch, durch das sie die neue Wirklichkeit da draußen sehen könnten …**

Wie Bernie SIEGEL so schön ausdrückt: *Wenn man unsere geliebten Meinungen angreift, dann verhalten wir uns wie Süchtige.*

Aber das spannende Element hier ist die Story: Sie erzeugt einen ähnlich **heilsamen Schock**, der allerdings weit ungefährlicher für uns ist, denn es ist ja „nur eine

Story“. Dieser „Notausgang“ erlaubt es uns, die HERAUS-Forderung anzunehmen und unseren Geist für die neue Einsicht zu ÖFFNEN. Also können wir festhalten:

**Eine Veränderung wird nur stattfinden, wenn die Betroffenen den Mut haben, sich zu öffnen und das Alte loszulassen.**

In Manager-Seminaren erzähle ich manchmal die folgende wahre Begebenheit, die ca. 1974 geschehen war:

## Der Manager und die Helferin*

Ein Manager, der erst seit drei Wochen in dieser Firma arbeitete, befand sich spätabends noch im Büro, als eine junge Frau dieses betrat. „Ah“, sagt er, „haben Sie etwas Zeit, um mir zu helfen?“ Sie scheint zwar etwas unsicher, aber hilfsbereit. Zwar muß er ihr erst zeigen, wie manche Geräte (z.B. der Fotokopierer) funktionieren, aber nachdem sie es weiß, geht ihr die Arbeit flott von der Hand. Er ist begeistert und gegen Mitternacht bedankt er sich überschwenglich und drückt die Hoffnung aus, bei Gelegenheit wieder einmal zusammenarbeiten zu können ...?

Hier beginnt **seine Lern-Erfahrung**, denn nun lernt er, daß sie zur Putzkolonne gehört. Sie kann weder richtig schreiben noch lesen. Aber er hat bereits sehr positive Erfahrungen mit ihr gemacht, er weiß: Sie lernt schnell, sie ist flexibel und hilfsbereit. (Später lernte er ihre innere Ruhe kennen und schätzen sowie ihr Pflichtbewußtsein und ihre absolute Verläßlichkeit.)

---

* Frei nacherzählt (ursprüngliche Quelle: Reader's Digest, ca. 1975).

**Auch für sie war dies eine großartige Lern-Erfahrung**, denn sie lernte: Es war möglich, daß jemand ihr etwas zutraute, das sie dann auch schaffte. Trotz widrigster Verhältnisse, trotz mangelnder Schulbildung: Hier traute ihr jemand zu, daß sie ihm tatsächlich helfen konnte und das konnte sie dann auch! Diese drei Arbeitsstunden waren für beide eine neue emotionale Erfahrung!

Ich erzähle diese Story seit 1975 im Seminar und lerne immer wieder, daß viele der Manager/innen, die sie bisher gehört hatten, von ihr profitieren konnten. Viele teilen mir später mit, **diese Geschichte enthalte** eine enorm wichtige Lern-Erfahrung für sie. Auch sagen manche, die ganze Abteilung habe profitiert, wenn sie die Story intern weitergaben.

Einige typische Lektionen, die meine Teilnehmer/innen dieser Story „entnehmen", sind:

- **Selbst-Vertrauen** entwickelt sich **durch** das Vertrauen, das **andere** in uns gesetzt haben …
- **Klebe** komplexen Menschen **keine einfachen Etiketten** auf (z.B. „Putzfrau", „Ausländer/in", „Schulversager/in", „soziale Unterschicht" etc.)
- **Bilde dir selbst ein Urteil,** statt dich auf (Vor-) Urteile anderer (z.B. der Personalabteilung) zu verlassen.

Da viele meiner Seminarteilnehmer/innen Familie haben, freue ich mich immer wieder, wenn eine Story auch private Auswirkungen hat. Da hat man z.B. ein Kind, dem man schon viel zu lange nichts mehr zugetraut hat, weil es **in einem erwarteten** Bereich „versagt" hat, während man nie fragt, wozu es vielleicht eine **besondere Begabung** haben könnte. Man hat das Kind quasi bereits in die Kategorie „unterbelichtet" gesteckt, so daß es eine Chance wie unsere Putzfrau in der Story in der eigenen Familie (und von den Lehrern) kaum noch bekommen hätte, wenn man nicht aufgewacht wäre …

## Aufgaben:

1. Haben Sie aus der Story eine Lehre gezogen? (Wenn ja, bitte **bald** notieren.)

2. Besprechen Sie die Stories in diesem Modul mit mindestens zwei weiteren Personen (auch Telefon oder e-mail möglich), und vergleichen Sie Ihre Reaktionen. Das kann immens spannend werden …
3. Gehen Sie mit möglichst vielen Stories (z.B. aus diesem Buch) so vor.
4. Gehen Sie den Rest Ihres Lebens mit allen interessanten Stories so vor.

Manche unserer Teilnehmer/innen machen inzwischen einen fernsehfreien Abend pro Woche (dank Video muß man auf keine Sendung verzichten). Sie laden Gäste (Nachbarn, Freunde) ein, und **dann wird erzählt**…

# Starke Stories, schwache Stories?

Eine Story besteht bekanntlich aus Inhalt und Form, wie Sie aus der Schule wissen (Aufsatz!). Die Form ist natürlich auch bei mündlicher Überlieferung wichtig. Manche Leute langweilen uns zu Tode, wenn sie etwas erzählen, andere berichten so spannend, daß wir „an jedem Wort hängen". Sicherlich wird eine Geschichte mehr Eindruck hinterlassen, wenn Sie sie **bewußt** erzählen, vielleicht weil Sie eine **Lehre** übermitteln wollen. Dies tun übrigens großartige Großeltern, Muttis, Tanten etc. intuitiv …

In diesem Zusammenhang ist die nachfolgende Story dieses Moduls ein gutes Beispiel. Sie war einst eine Standard-Geschichte, die man vor einigen Jahrzehnten in zahlreichen amerikanischen Erfolgsbüchern finden konnte. Da viele Erfolgsbuch-Autoren voneinander abschreiben, las sich die Geschichte überall fast gleich. Der Grund, warum ich sie Ihnen in unserem Zusammenhang vorstellen werde, ist, um Ihnen zu zeigen, was man **als Erzähler/in aus einer Story machen kann**. Die Standard-Form hatte ca. 15 Zeilen. Man las sie, war kurzfristig beeindruckt, nickte, sagte „tja …", **und dann vergaß man sie bald wieder**. Das haben mir viele Trainer-Kollegen bestätigt, die diese Story ursprünglich in ihrem Repertoire hatten: *Es lohnt sich nicht, es ist schade, die Story könnte eine so wertvolle Lehre vermitteln, aber …*

Ich fragte mich erstens, welche Lehren (weit mehr als eine!!) ich mit dieser Story gern mitteilen würde, und zweitens, wie ich diese besser „rüberbringen" konnte.

Es ist inzwischen hinlänglich bekannt, daß jedes **persönliche Erlebnis** Informationen **besser bindet**, weil **neben** dem faktischen *(Daten-)Gedächtnis* für „nackte" Informationen **gleichzeitig** das *episodische Gedächtnis* angesprochen wird (vgl. MERKBLATT NR. 2, S. 166). Letzteres speichert all unsere Erfahrungen, deshalb werden sie wohl immer **die besten Lehrmeister** bleiben (wir verbrennen unsere Hand in der Regel nur **einmal** mit Brennesseln oder an der heißen Herdplatte!).

Im Zeitraum von einigen Jahren entwickelte ich aus dieser urprünglich schwachen Mini-Geschichte eine sehr starke Story, die zu einem regelrechten Seminar-Element heranwuchs, das viele Teilnehmer/innen **nachhaltig** beeindruckt.

Ich weiß inzwischen, daß diese (jetzt starke) Story die Einstellung vieler Menschen dramatisch verändert hat. Aber greifen wir nicht vor. Ich werde Ihnen die Story wie im Seminar vorstellen. Dabei erhalten Sie die Chance, diese Seminar-Einheit fast live zu erleben, wenn Sie aktiv mitmachen. Ich beginne die Vorbereitung auf die Story mit einer **Metapher**.

## Ihre emotionale Heimat©

Wenn wir unsere Gefühle manchmal etwas bewußter zur Kenntnis nähmen, dann könnten wir im Zweifelsfall vorsichtig gegensteuern. Bitte mißverstehen Sie mich nicht, ich plädiere **keinesfalls** dafür, ständig alles positiv sehen zu wollen, aber ich plädiere sehr wohl dafür, genau aufzupassen, wenn wir negative Gefühle gegen andere Menschen hegen (Ablehnung, Haß, Neid …). Immer wenn Sie merken, daß solche Gefühle „Sie ergriffen“ haben, könnte Ihnen meine Metapher von der **emotionalen Heimat©** helfen :

**Sie kennen das Prinzip des Stehauf-Männchens. Es kehrt immer zu seiner „Heimat" (= die aufrechte Haltung) zurück, weil im Inneren (unten) ein Gewicht dafür sorgt. Wenn sich das Gewicht z.B. zur Seite verschieben würde, dann würde das Stehauf-Männchen zu einem Liege-Männchen werden.**

Diese Vorstellung inspirierte meine **Metapher***: So wie das Stehauf-Männchen durch seine Konstruktion immer wieder auf seinen „Füßen" landet und nach jedem Stoß, den es abbekommen hat, wieder aufrecht steht, so geht es einem Menschen mit HUMOR-FÄHIGKEIT: Negative Gefühle können nämlich durch Humor **relativiert** werden. Außerdem stellt der **Humor** einen hervorragenden **Weg** dar, um eine **positive emotionale Heimat** zu schaffen, so daß man immer wieder „auf die Füße fallen" kann, selbst wenn man kurzfristig am Boden lag. Aber viele Menschen bleiben weit länger als nötig liegen und quaken laut (oder winseln leise), anstatt aus der

---

* Diese Metapher erscheint in einem weiteren Taschenbuch, in dem es darum geht, Ihre Humor-Fähigkeit zu erhalten oder zu verbessern (Titel: *Humor – an Ihrem Lachen soll man Sie erkennen*).

Situation zumindest eine Lehre zu ziehen (wenn sie schon keinen echten Vorteil bietet). Dies ist besonders dann wichtig, wenn wir der Meinung sind, ein „böser Mitmensch“ habe uns „getreten“. Deshalb sagen die Esoteriker* so schön:

> **Jeder Mensch, der dir begegnet, ist entweder dein Freund oder dein Lehrer (im Sinne von Trainer oder Coach).**

So kann ein Mensch, der herumtrödelt, während wir ungeduldig warten, zu unserem **Geduld-Coach** werden; ein Typ, der „nur Unsinn erzählt“, zu unserem **Lehrer für Toleranz anderen gegenüber** usw.

## 1. Akt: Die Story vom Morse-Operator

> Die Begebenheit trug sich Ende der 20er Jahre in New York zu. Damals herrschte große Arbeitslosigkeit. Eine Firma hatte einen Job für einen Morse-Operator ausgeschrieben (damals wurden die Signale mit **einem** Finger auf einer Spezial-Taste gemorst). Es meldeten sich ca. 300 Leute. Die Firma hatte auf einer Seite in der Riesenhalle einige kleine Interview-Räume eingerichtet und verteilte Nummern in der Reihenfolge des Ankommens.

---

* Natürlich meine ich nicht die teebeutelschwingenden Typen auf Esoterikmessen. Leider stellt die Presse alles, was sie nicht begreift, in die Esoterik-Ecke. Das ändert nichts daran, daß seriöse Esoteriker uns manchmal sehr viel bieten können (wie ich in meinem Video-Vortrag *Pragmatische Esoterik* aufgezeigt habe).

Natürlich gab es nicht genügend Stühle, so daß viele sich gottergeben auf den Boden setzten, um zu warten. Es war heiß, im Hintergrund wurde gehämmert, und immer noch kamen Bewerber. Da erscheint ein junger Mann, der die Nummer 254 erhielt (er war also erst relativ spät aufgetaucht), und auch er setzt sich zunächst auf den Boden. Aber nach ungefähr zwei Minuten steht er plötzlich auf, geht **zielstrebig** zu einem Raum auf der anderen Seite der Halle, klopft an, wartet überhaupt nicht, ob jemand „Herein!" sagt, d.h., er klopft an, betritt den Raum und verschwindet darin. Nach ungefähr drei Minuten kommt er wieder aus dem Raum, begleitet von einem älteren Herrn. Dieser teilt den Wartenden mit, sie könnten jetzt alle nach Hause gehen, denn der Job sei gerade vergeben worden, und zwar an diesen jungen Mann.

## 2. Akt: Fragen an Sie

Jetzt bitte ich meine Teilnehmer/innen, aktiv mitzumachen (schriftlich, **anonym**; diese Bogen werden eingesammelt und ausgewertet).

**Aufgabe 1: Wenn Sie** unter den damals Anwesenden gewesen wären, was würden Sie jetzt empfinden (nicht denken, **sondern** fühlen!). Bitte (stichpunktartig) eintragen:

______________________________

**Aufgabe 2:** Bitte denken Sie an eine Person Ihrer Wahl. Schlagen Sie danach dieses Buch auf **irgend-**

**einer** Seite auf und **lesen** dort genau **einen Absatz** Text, ehe Sie hierhin zurückkehren. Dann beantworten Sie die kopfstehende Frage:

---

Konnten Sie feststellen, daß der willkürlich ausgewählte Absatz in **irgendeiner** Beziehung zu der Person stand, an die Sie gedacht haben?

( ) nein

( ) ja, weil ______________________________

---

**Aufgabe 3: Bitte beenden** Sie jetzt den nachfolgenden Satz mit dem **allerersten** Gedanken, der Ihnen einfällt – schnell und spontan. Falls Ihnen ein zweiter Gedanke einfällt, notieren Sie bitte trotzdem den ersten!

Die Welt ist voller ______________________

## 3. Akt: Ergebnisse der Fragebögen

### Die Gefühlslage

Beginnen wir mit der ersten Frage: Bitte bedenken Sie, ich spreche hier von weit **über 13.000 analysierten** Bogen (ca. 9500 in Deutschland, der Rest fällt auf Österreich/Schweiz). Die Teilnehmer/innen kamen aus den verschiedensten Berufen, Top-Managern, Professionelle (z.B. Architekten, Ärzte, Richter etc.), Privatpersonen; sie arbeiteten auf verschiedensten hierarchischen Ebenen und in unterschiedlichsten Lebens-Situationen (Alter von 17 bis 71, Geschlecht ausgewogen weiblich/ männlich)*. Die Bögen zeigen sehr klar:

a) Die **meisten** Gefühle sind **negativ**.
b) Die meisten negativen Gefühle richten sich auf die Welt bzw. **gegen andere Menschen** (z.B.: „Haß auf den fiesen Typen" oder „Neid auf den jungen Mann").

Bitte erinnern Sie sich, daß nach der 1. Aufgabe (Gefühl nach Morse-Story notieren) eine kleine Lese-Aufgabe folgte (auch im Seminar gibt es ein Ablenkungsmanöver), ehe man gebeten wird, den Satz (die Welt ist voller...) zu beenden. Diese Ablenkung siganlisiert Ihrem Hirn: *Ende Morse-Story, nächster Aspekt.* Das heißt, theoretisch müßten Sie etwaige negative Morse-Gefühle jetzt fallen gelassen haben, **wenn** (und das ist der Grund, warum ich die Stehauf-Männchen-Gefühls-Metapher geschaffen habe), Ihre emotionale Heimat eher neutral/po-

* Zwar sind viele Seminare „Männer-lastig", aber dafür mache ich regelmäßig auch spezielle Power-Tage für Frauen, so daß die Bögen insgesamt ziemlich ausgewogen sind.

sitiv ist. Andernfalls wird **die Welt(!!)** jetzt voller Negativität sein…

## Wovon ist die Welt, bitte, voll?

Nur wenige Menschen stellen in ihrem Satzende fest, daß die Welt voller **positiver** Elemente ist (*Die Welt ist voller* ***Sonnenschein****. Die Welt ist voller* ***Liebe****. Die Welt ist voller* ***Chancen,*** usw.). Bitte bedenken Sie: Der Satzanfang lautete weder „**Manchmal** ist die Welt…“, noch „**Teile** der Welt sind…“. Es war die Rede von „**Die** Welt ist…“. Das impliziert: Die (ganze) Welt ist (immer oder prinzipiell) voller… Das ist das Ausschlaggebende an dieser Aufgabe! Und Sie, liebe Leserin, lieber Leser; wie sah es bei Ihnen aus (wenn Sie vorhin aktiv mitgemacht haben)?

( ) **Auch meine** Satz-Ergänzung war **negativ.**
( ) **Meine** war **positiv** (Gratuliere, das ist selten*).

Betrachten Sie das Beenden des unvollständigen Satzes als eine Art *Schnappschuß Ihrer momentanen emotionalen Befindlichkeit*. Er kann Ihnen sagen, ob Ihr Stehauf-Männchen wieder „zurückgeschnellt“ ist.

Die häufigsten Reaktionen aus über 13.000 Fragebögen (seit 1995 lauten: Die Welt ist voller…):

---

* (Für mehr Details, s. MERKBLATT NR. 5, S. 188)

PERSONEN
- Idioten*
- Narren*
- Deppen
- Verrückte
- Trottel
- Arschlöcher
- Neider
- Egoisten
- Pessimisten
- unfähige Menschen
- verantwortungslose Schweine
- Ganoven
- Schwachsinnige
- Feinde
- Möchtegerne
- Ignoranten
- Nörgler
- Geizhälse
- Lügner und Betrüger

NICHT-PERSONEN
- Haß
- Neid
- Eifersucht
- Mißgunst
- faule Kompromisse
- Lug und Trug
- Beschiß
- Fehler
- Tücken
- Ungerechtigkeit
- Probleme

Wenn auch Sie etwas Negatives notiert haben, dann bedenken Sie bitte: Natürlich könnte es sein, daß Sie gerade heute ein wenig „mies drauf sind“, weil Sie irgendein Problem quält, so daß Ihre negative Bemerkung nicht nur von der Morse-Geschichte „herrührt“. Trotzdem gilt, daß das Beenden solcher (und ähnlich konstruierter) Sätze immer eine Art **Schnappschuß Ihrer Befindlichkeit** darstellt. **Testen** Sie es ruhig, indem Sie folgendes

* In Deutschland liegen die **Idioten** auf Platz 1, die **Narren** auf Platz 2; in Österreich ist es umgekehrt.

Experiment durchführen (so wie Wissenschaftler ja auch durch Versuche herausfinden, ob Ihre Vorurteile vielleicht falsch sind).

## Experiment zur emotionalen Heimat©

Notieren Sie zwischendurch immer wieder ein Satz-Ende (auf kleine Zettelchen) und sammeln diese **(ohne sie zwischenzeitlich anzusehen)**. Nach einigen Wochen sortieren Sie alle Zettelchen in zwei Häufchen:

(Die Welt
ist voller…)

positiv negativ

Vielleicht werden Sie feststellen, daß doch mehr negative Satz-Enden herauskommen, als Sie (heute) gedacht hätten. Es kann auch sein, daß Sie bei dem **Versuch** des Hinschreibens bereits **merken**, was Sie jetzt **beinahe** notiert **hätten** und innehalten. Auch so können Sie lernen, ob Sie eine ausgeprägte Tendenz haben, den Satz (Die Welt ist voller …) negativ zu beenden.

Übrigens kann man mit Satz-Anfängen und Ergänzungen ganz systematisch an der Verbesserung seiner Gefühle arbeiten. Wenn Sie Interesse haben, in dieser Richtung zu experimentieren, dann könnten Sie jeweils einige Satz-Ergänzungen hintereinander (am Stück) aufschreiben und pro Tag mindestens einen solchen Übungsblock absolvieren.*

In diesem Zusammenhang muß ich immer an die Metapher von Wayne DYER denken, der die Menschen in **Frösche und Adler** einteilt. Erstere quaken viel, während die Adler den Überblick haben und **volle Verantwortung** für Ihr Leben übernehmen. Wer also bei diesem Experiment feststellen muß, daß doch ziemlich viele negative Satz-Ergänzungen aus seinem/ihrem Innersten „auftauchen“, möchte vielleicht darüber nachdenken; er/sie **könnte** zu den Fröschen gehören. Dies kann durch Frösche ausgelöst worden sein, die einen beim Heranwachsen umgeben haben und deren Jammern man als Kind einfach „übernommen“ hat. Frösche sind **von Beruf** in erster Linie **Opfer** und erst im Nebenberuf (was immer ihr Beruf sein mag). Die armen Frösche glauben, immer furchtbar viel leiden zu „müssen“, und darum quaken sie soviel. Das machen manche Leute so richtig effizient. Wenn ihnen dies niemand bewußt macht, dann werden viele ihr Leben lang damit fortfahren*. Wir alle kennen solche *Leidenden vom Dienst, Profi-Jammerer und Lamentierer*.

* Ein ausgezeichnetes Buch mit Hunderten möglicher Sätze zum Ergänzen ist Nathaniel BRANDENs Taschenbuch: *Die sechs Säulen des Selbstwertgefühls.*

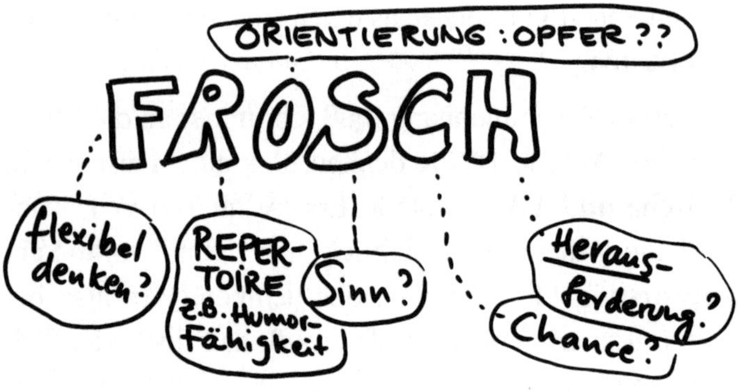


## Fazit der Morse-Story:

Die Morse-Geschichte ist besonders lehrreich, denn sie demonstriert, daß viele Menschen relativ leicht dazu neigen, anderen die Schuld zu geben. Das zeigen die Bögen zur Morse-Geschichte immer wieder: Die meisten negativen Aussagen richten sich gegen Mitmenschen (Haß, Neid). Dabei beachten wir natürlich selten, daß negative Gefühle dieser Art die Umwelt doppelt belasten:

---

* Vgl. auch mein Taschenbuch: *Humor – an Ihrem Lachen soll man Sie erkennen.* Hier geht es u.a. um konkrete Maßnahmen gegen zu viele negative Gefühle, wenn wir es lernen können, Humor als eines der großen Relativierungs-Prinzipien zu nutzen…

1. **Erstens** steckt unsere jeweilige Gemütsverfassung unsere Umwelt an: Nehmen Sie den Begriff „Miß-mut" wörtlich: Der Wortteil „mut" leitet sich hier **nicht** von *Mut* (im Sinne von *Courage*) ab, sondern von der wissenschaftlichen Formulierung, wonach unsere Gefühle uns *anmuten*. **Miß**-*mut* drückt demzufolge aus, daß die Anmutung derzeit „miß" ist (vgl. die moderne Formulierung „mies drauf sein"), wobei auch die Wortverwandtschaft von *Anmutung* und *Anmut* auffallen könnte! Wer also **mißmutig** ist, **mutet** andere **negativ** an. Als „Herdenwesen" sind wir **genetisch** darauf **programmiert**, die **Gestimmtheit** anderer zu **registrieren und auf diese zu reagieren**, weshalb sich sowohl Angst als auch Heiterkeit sehr schnell verbreiten. Wenn aber Mißmut, Haß- oder Neidgefühle* auf bestimmte Menschengruppen in einer Gemeinschaft übertragen wurden, dann schwächt dies die **unmittelbare Umgebung** zum einen und die **Gesellschaft** als Ganzes zum anderen.
2. **Zweitens** schaden wir uns mit negativen Gefühlen selbst. Wir können Neidgefühle gut mit Sodbrennen vergleichen. Dies hat ein großer Maler, GIOTTO, schon vor vielen Jahrhunderten in ein Bild umgesetzt.

---

* In diesem Zusammenhang möchte ich Ihnen ein brillantes Buch empfehlen: Bernd ZIESEMER: *Die Neidfalle*.

**GIOTTOs* Neid-Frau steht im Feuer, das sie verbrennt. Sie deutet auf das Objekt des Neides (blickt also in die Welt, die sie für ihre negativen Gefühle verantwortlich macht). Sie hat ein Riesenohr, damit sie mitbekommt, wenn es anderen gut geht, und aus ihrem Mund kriecht eine Schlange, die ihr Gift in die Augen der Neiderin spritzt… (Die Abbildung zeigt Ihnen meine allererste spontane Skizze des Giotto-Bildes.)**

---

* malte von ca. 1305–1308 14 Frauen: 7 Tugenden, 7 Laster

Des weiteren zeigt uns die Analyse der Morse-Story, daß wir durch negative Gefühle, die sich auf einen kurzen Aspekt unseres Lebens beziehen dermaßen negativ beeinflußt sein können, daß die Welt **danach** gleich voller negativer Menschen, Dinge oder Prozesse zu sein scheint. Diese Idee kann im ersten Augenblick so verrückt wirken, daß ich dies kurz erläutern möchte.

Es gibt einige sehr interessante amerikanische **Studien**, bei denen man Leute (in einem Restaurant) bewußt betrog. Man prellte sie **genau um einen Dollar** (Kaufkraft weniger als eine Tasse Kaffee!). Und zwar tat man dies in einer Art und Weise, daß die Opfer es merken **mußten**. Die meisten erhoben Einspruch und erhielten ihren Dollar zurück. Aber der eigentlich spannende Aspekt dieser Studien fand **eine halbe Stunde später statt**.

1 Da führte man eine Befragung durch, und zwar sowohl mit den Betroffenen als auch mit einer Kontrollgruppe (Kunden desselben Restaurants bzw. Ladens, die **nicht** betrogen worden waren). Um die Worte eines bekannten Kabarettisten zu benützen: „Jetzt kommt's:"

Menschen, die vor 30 Minuten um einen läppischen Dollar betrogen worden waren, **schätzten die Anzahl der Menschen** in dieser Welt, **die betrügen, wesentlich höher ein** als die Versuchspersonen der Kontrollgruppe.

2 In einem zweiten Experiment rempelte man Leute in einer Warteschlange **an** und kämpfte sich „ordinär durch“. Auch hier zeigten sich die Auswirkungen noch 30 Minuten später:

> Für die **Angerempelten** ist **die Welt voller Aggressivität**. Für sie gibt es jede Menge **aggressiver Typen und Ellbogen-Menschen**, während die Reaktion in der Kontrollgruppe weit friedlicher ist.

Auch das lehrt uns das Satz-Ergänzungs-Experiment *(Die Welt ist voller ...)*, das ich ja eben **deshalb** mit der Morse-Story verbunden habe. So kann ich meinen Seminar-Teilnehmern hautnah vorführen, wie sehr eine kleine Begebenheit unser Denken und Fühlen bereits beeinflussen kann (hier eine 2-Minuten-Story).

Was glauben Sie, lösen 30 Minuten weitgehend negative TV-Nachrichten in Ihnen aus?! *

## Morse-Story: Das dicke Ende kommt noch!

Denken wir noch einmal kurz daran zurück, daß die erste Frage ja gelautet hatte: „Wenn Sie eine/r der Betroffenen gewesen wären, was hätten Sie empfunden?“ Und erinnern wir uns, daß **viele** Teilnehmer/innen **Haß**

---

* Vgl. auch das Praxis-Modul *TV-Gewohnheiten* in meinem völlig überarbeiteten *Stroh im Kopf?* (ab der 36. Auflage).

und/oder **Neidgefühle** erleben. Was aber noch weit schlimmer ist, ist die Tatsache, daß es bei Seminaren, in denen ich die Story in Kleingruppen diskutieren lasse, regelmäßig vorkommt, daß die Leute ihren Zorn auf den jungen Mann als vollkommen **gerechtfertigt** erleben – ein sogenannter **berechtigter Zorn** also. Glauben auch Sie in vergleichbaren Situationen, Sie hätten ein **Recht** auf Ihre Wut? Glauben auch Sie, ein „berechtigter" Zorn sei irgendwie **besser** als ein anderer? Wenn Sie das glauben, dann bedenken Sie bitte:

> Es ist **Ihr** Immunsystem, das Sie schwächen, egal ob der Ärger gerechtfertigt ist oder nicht. Sie machen Ihr eigenes System kaputt. Sie schaden nur sich selbst.
>
> Und wenn Sie glauben, daß man einen gerechtfertigten Zorn er- oder gar ausleben **muß**, dann werden Sie ihn noch oft er- oder ausleben „müssen", bis Sie in die Grube fahren.

Aber selbst dies ist noch nicht die letzte Lektion, die wir der Morse-Story „entnehmen" können, denn jetzt folgt die wahre Fortsetzung dieser Story …

## Der Oberhammer der Morse-Geschichte

Der ältere Herr erkärte den Wartenden nämlich, warum der junge Mann den Job bekam:

> Sie saßen da, Sie hörten das Hämmern, Sie dachten vielleicht, wir würden renovieren, aber wir renovieren nicht! Sie sind Morse-Operatoren, und da hat jemand mit dem Hammer Morsezeichen geklopft: *Wenn du das verstehst, gehe zu Raum Nr. 1220, klopfe an, warte nicht auf ein „Herein!“ und du hast den Job.*

Liebe Leserin, lieber Leser, bitte denken Sie mit: Da hocken knapp 300 angebliche Profis herum, alles Menschen, die es gewohnt sind, **akustische Signale wahrzunehmen, aufzuschreiben und anschließend weiterzumorsen**. Das ist ihr täglich Brot. Da kann man wahrlich **nicht** sagen, das sei unfair. Genaugenommen hat diese clevere Firma damals ein **Assessment-Center vorweggenommen**, das war ein fairer Test. Wenn 30 Morse-Operatoren die Botschaft begriffen hätten, dann hätten 30 einen Job bekommen! Aber es war nur einer, nämlich jener junge Mann.

> **Was glauben Sie, wie viele Chancen Sie selbst manchmal übersehen und überhören, nur weil Sie glauben, Sie hätten keine?**

Die Esoteriker* behaupten ja u.a. auch, wir bekämen immer die Welt, die wir erwarten. Wir wissen aus der **modernen Gehirnforschung****, daß man unsere un-

* Vgl. Fußnote, Seite 90.

** Vgl. Daniel SCHACTER: *Wir sind Gedächtnis.*

bewußten Wahrnehmungs- und Denkvorgänge früher gewaltig unterschätzt hat.

Wenn Sie z.B. eine unfaire Welt **erwarten** oder eine aggressive oder wenn Sie annehmen, Sie hätten keine Chance, oder daß **die Welt voller Betrüger ist** oder **daß die meisten Leute doch …** (etc. etc), dann **lenken Sie unbewusst Ihre Wahrnehmung auf diejenigen Aspekte in der Welt**, die genau das enthalten, was Sie erwarten. Dann leuchten ihre Bewußtseins-Scheinwerfer an sämtlichen Chancen vorbei. Macht Sie das ein bißchen nachdenklich? Übrigens: Können Sie sehen, daß der „berechtigte Ärger" nicht einmal von der Sache her „berechtigt" war? Was meinen Sie: Wie oft könnte das bei ähnlichen Ärger-Gefühlen vielleicht auch der Fall sein?

## NACHWORT zur Morse-Story*

Einige Leser-Reaktionen drückten **Zweifel** aus, daß so viele Menschen dermaßen negativ reagieren. Aber bitte bedenken Sie: Diese Reaktion erfolgt ja nach der Morse-Story. **Diese aber ist emotional „negativ geladen"**, deshalb **„zieht sie uns hinunter"**. Je positiver die emotionale Heimat des einzelnen (heute!) ist, desto schneller kann er oder sie wieder zurückkehren. Positives und Negatives

---

* anläßlich der 2. Auflage

sollte deshalb in unserem Leben einigermaßen ausgeglichen sein. Darum empfehle ich z.B. auch, sich täglich mindestens einmal mit witzigen Stories zu befassen.

Eine große Gefahr beinhalten **Negativ-Stories**, die uns andere Leute erzählen. Nun kann man manchen jener professionellen Opfer ja nicht immer sofort entfliehen (wenn es z.B. der eigene Chef ist); wir alle kennen solche *Lamentierer vom Dienst*. Aber es gibt eine Quelle, die uns tag**täglich mit Negativ-Stories zuschüttet**. Und diesen Negativ-Stories setzen wir uns auch noch **völlig freiwillig** aus. Ich meine natürlich sog. Nachrichten-Sendungen. In meinem Buch *Stroh im Kopf? – Vom Gehrin-Besitzer zum Gehirn-Benutzer* verweise ich im TV-Modul (ab 36. Auflage) *erstens* darauf, daß die meisten Meldungen für uns absolut keinen Informations-**Wert** besitzen; *zweitens*, ich zitiere:

> **Negativ-Nachrichten** vom Abstürzen, Unglücken, Verbrechen **ziehen Sie emotional hinab**! Wir werden immer von allem, was uns begegnet „angemutet" (d.h. emotional gefärbt). Deshalb gilt: Sie können beim besten Willen nicht ständig Negatives hören und davon nicht betroffen sein.

Deshalb rate ich meinen Seminar-Teilnehmer/innen seit vielen Jahren, Nachrichten (zeitversetzt) von Video zu sehen, dann können Sie bei all dem Negativen vorwärtsspulen und das wenige, das von echtem Interesse (und von Info-Wert) für Sie ist, in Ruhe ansehen.

# Teil II

Selbsterfahrung
-Selbst-Erkenntnis
ORIENTIERUNG
Sinn
die
STORIES
TIEFE
Training
REPER-
TOIRE
Infor-
mation
&
Exfor-
mation

# Fehler-Stories

Ein Problem, das die meisten Menschen teilen, ist die große **Angst vor Fehlern**. Diese ist **nicht angeboren**, sie ist das Resultat von Erziehung. Beobachten Sie ein dreijähriges Kind beim Spielen: Funktioniert irgend etwas nicht **wie erwartet** (z.B. weil der Bauklötzchen-Turm zusammenfällt), dann ist das Kind weder frustriert noch gestreßt, es ist schlicht und einfach interessiert und **fasziniert**! Ganz der kleine Wissenschaftler, wiederholt es das der Panne vorangegangene Verhalten so lange, bis es begreift *(aaaah, es ist mein Ärmel, der den Turm ab einer gewissen Höhe zum Einsturz bringt)*. Nun geht ein Leuchten über sein Gesichtchen, es hat eine Ein-SICHT gewonnen, einen Ein-BLICK in zuvor undurch-SCHAU-bares. Es ist happy.

Und genau dies sollte die Rolle von Fehlern sein. So gehen alle Lebewesen (mit Ausnahme des Menschen) mit Fehlern um; Fehler bieten Lektionen mit Lern-Effekten, sie sind die Königsstraße zu mehr Erfolg.

> **Ein analysierter/begriffener Fehler kann zahlreiche Versuch-und-Irrtum-Aktionen ersetzen!**

Und: Die Lehre aus einem begriffenen Fehler kann sofort in andere Situationen **portiert** (übertragen) werden. So wird es morgen bei dem Kind sofort wieder „klicken“, wenn es am Hamburger-Stand sein Milchglas mit dem Ärmel des Anoraks umwirft. Sofort folgt das „Aha!“, und bald können ähnliche Pannen von vornherein vermieden werden: **Wenn** (und das ist des Pudels Kern) wir in dieser natürlichen Weise aus Fehlern profitieren und lernen dürfen.

Aber die meisten von uns dürfen das nicht! Wir wurden durch Erziehung systematisch mit einem VIRUS DES GEISTES (einem Mem)* verseucht und krank gemacht! Man hat uns eingeredet, Fehler seien falsch, schlimm, böse, dumm, unmöglich usw., usw. Das reichte vom einfachen aggressiven „Paß doch auf!!“ über Verbote („Du darfst dir keinen Fehler leisten!“) und Beschimpfungen („Du Depp, du damischer!“) bis hin zu Bemerkungen wie:

- **Immer machst du alles falsch!**
- **Geh weg, dein Bruder kann das besser!**
- **Das kann auch nur dir passieren!**

Und ähnlich.

Das Resultat dieser absurden psychischen Verseuchung ist ein doppeltes: 1. Wir gestehen uns selbst keine Fehler zu, und wir verachten andere, wenn ihnen einer unterläuft. 2. Wir haben hier die Position derer übernommen, die uns einst so gequält haben. Nun fordern wir, bewußt

---

* Vgl. meinen gleichnamigen Video-Vortrag und MERKBLATT Nr. 4 im Anhang S. 181

oder unbewußt (von uns und/oder anderen) eine fast schon göttliche Perfektion, deren Absurdität ich als Mini-Gedicht formulierte*:

**Erfolge ohne Mißerfolge**
**und Leistung ohne Fehler.**
**Das ist wie:**
**Tage ohne Nächte**
**und Berge ohne Täler!**

Nichtsdestotrotz gilt:

**Fehler sind eine phänomenale Quelle für Lern-Erfahrungen, so wir aus ihnen lernen wollen.**

Nach dem Motto meines Großvaters, der immer sagte:

**Einen Fehler EINMAL zu machen, ist menschlich. Denselben Fehler jedoch dauernd zu WIEDERHOLEN, das ist unverzeihlich!**

Menschen, die vor Fehlern Angst haben und sich (oder andere) bei jedem Mißgeschick in die Pfanne hauen, können natürlich aus **diesem** Fehler nichts lernen. Also sind sie dazu „verdammt", in ähnlichen Situationen immer wieder ähnlich zu reagieren. Wenn (auch) Sie zu Ungeduld bei Fehlern/Pannen, Mißgeschicken (sogenannten Mißerfolgen) neigen, dann hilft Ihnen vielleicht folgende Fallstudie:

---

* in meinem Taschenbuch: *Erfolgstraining*.

## Der 1 Million-Dollar-Fehler*

> **Der Stahl-Magnat Andrew Carnegie zitierte in den 30er Jahren einen neuen Manager zu sich, der (noch in der Probezeit) eine falsche Entscheidung getroffen hatte, welche die Firma eine Million Dollar kostete. Der Manager setzte sich verlegen auf die vorderste Stuhlkante und meinte: „Sie werden mich jetzt sicher feuern." Darauf Andrew Carnegie: „Wie kommen Sie denn darauf? Wir haben gerade 1 Million Dollar in Ihre Ausbildung investiert! Wieso sollen wir Sie jetzt fortschicken?"**

Stellen sie sich die Erleichterung des Mannes vor. Natürlich wird ihm ein vergleichbarer Fehler in seiner gesamten beruflichen Laufbahn nie wieder passieren. Es wäre also schon aus taktischen Erwägungen schade, wenn man ihn jetzt mit dieser Erkenntnis gehen ließe.

Der Gedanke an Andrew Carnegie hilft mir oft, wenn ich merke, daß ich mich mal wieder über einen Fehler aufregen könnte... Diese klassische Story aus Amerika sollten wir uns immer dann ins Gedächtnis rufen, wenn wir **uns** (oder andere) für wesentlich kleinere Fehlerchen in die Pfanne hauen. Abgesehen davon, daß nur diejenigen Fehler machen, die überhaupt etwas tun, gilt: Wenn wir uns oder andere „niedermachen", dann entspricht dies

---

* Aus: Dale CARNEGIE: *Wie man Freunde gewinnt.* © 1986 alle deutschsprachigen Rechte by Scherz Verlag, Bern, München, Wien. (Zufällige Namensgleichheit mit der Hauptperson dieser Story).

einem verärgerten Zuknallen der Stalltüre, nachdem das Pferd geflohen ist!

Wenn wir es wagen, die HERAUS-Forderung* anzunehmen, die jeder Fehler uns bietet, dann profitieren nicht nur unsere Mitmenschen. Vielleicht können wir so auch unseren Hang zur (Selbst-)Kritik in den Griff bekommen?

Bei Dale CARNEGIE finden wir eine weitere Fehler-Story, nämlich die Geschichte von einem Piloten, der es ebenfalls schaffte, ein eingefahrenes Gleis zu verlassen, als ihn beinahe schon der „heilige Zorn" übermannt hätte.

## Der Fehler des Piloten**

**Bob Hoover, ein berühmter Testpilot und Flugakrobat, befand sich nach einem Flugmeeting in San Diego auf dem Rückflug nach Los Angeles, wo er zu Hause war, als in einer Höhe von knapp 1000 Metern plötzlich beide Motoren aussetzten. Durch geschicktes Manövrieren glückte es ihm, die Maschine zu landen. Sie wurde zwar schwer beschädigt, aber es wurde niemand verletzt.**

**Nach dieser Notlandung prüfte Hoover als erstes den Kraftstoff. Wie er richtig vermutet hatte, war die Propellermaschine aus dem Zweiten Welt-**

* Erinnerung: die *HERAUS-Forderung* hilft uns, aus eingefahrenen Denk- und Verhaltens-Rinnen HERAUS-zufinden, sonst müßte es ja *HINEIN-Forderung* heißen!

** Aus: Dale CARNEGIE: *Wie man Freunde gewinnt.* © 1986 alle deutschsprachigen Rechte by Scherz Verlag, Bern, München, Wien.

> krieg statt mit Benzin für Kolbenmotoren mit Flugpetrol für Düsenflugzeuge aufgetankt worden.
>
> Sobald er wieder auf dem Flugplatz war, verlangte er den Mechaniker zu sehen, der seine Maschine gewartet hatte. Der junge Mann war krank vor Verzweiflung über seinen Irrtum, und Tränen liefen ihm über die Wangen, als Hoover auf ihn zukam. Er wußte, daß er den Verlust eines sehr teuren Flugzeugs und **beinahe den Tod von drei Menschen verschuldet hatte**.
>
> Sie können sich Hoovers Ärger vorstellen. Und das Donnerwetter, mit dem ein so stolzer und hervorragender Pilot auf eine solche Fahrlässigkeit reagieren mußte. Aber nichts dergleichen geschah. Hoover kanzelte den Mechaniker nicht ab; er tadelte ihn nicht einmal. Statt dessen legte er ihm den Arm um die Schultern und sagte: „Damit Sie sehen, daß ich weiß, daß Ihnen so etwas nie mehr passieren wird, möchte ich Sie bitten, morgen meine F-51 aufzutanken."

Falls die Story vom 1 Millionen-Dollar-Fehler nicht ausreicht, um Sie zu bremsen, wenn Sie sich über weit kleinere Fehlerchen (eigene oder die anderer) aufregen, dann tut es vielleicht dieses Fallbeispiel!

Dieser Fehler hätte drei Menschen das Leben kosten können. Trotzdem hilft es niemandem, wenn der Techniker in Grund und Boden gestampft worden wäre. Merke:

bitte umblättern

**Wenn einem zuverlässigen, motivierten Menschen ein Fehler unterläuft, braucht er Trost! Er selbst ist doch sein „schlimmster" Feind. Er wird sich voraussichtlich selbst in die Pfanne hauen, wenn er mit Anti-Fehler-Programmen vollgestopft wurde …**

Ich gebe zu, ich kann ziemlich leicht in die Luft gehen, wenn Dinge schieflaufen, aber diese Fehler-Stories helfen mir, mindestens um 10 % besser mit Pannen umzugehen. Nach dem Motto eines bekannten Werbe-Gags: *Nicht immer, aber immer öfter!*

Auch das letzte Beispiel des Großmeister CARNEGIE ist meines Erachtens enorm inspirierend:

## Ehefrau mit Fehlern? - Nein!*

Ein Kursteilnehmer erzählte einmal, wie seine Frau, die mit einer Gruppe anderer Frauen an einem Selbstverbesserungsprogramm arbeitete, mit der Bitte an ihn trat, ihr sechs Dinge zu nennen, die er an ihr gerne geändert hätte, damit sie ihm in Zukunft eine bessere Lebensgefährtin sein könnte. „Ihre Bitte überraschte mich", berichtete der Mann. „Es wäre mir, ehrlich gesagt, nicht schwergefallen, sechs Dinge aufzuzählen, die ich an ihr gern anders hätte – aber, du lieber Himmel, sie hätte an mir tausend

---

*Aus: Dale CARNEGIE: *Wie man Freunde gewinnt.* © 1986 alle deutschsprachigen Rechte by Scherz Verlag, Bern, München, Wien.

Dinge kritisieren können. Also sagte ich nichts und bat nur: 'Laß mich darüber nachdenken, ich gebe dir die Antwort morgen.'

Am andern Tag stand ich etwas früher auf, ging beim Blumenhändler vorbei und bat ihn, meiner Frau sechs Rosen zu schicken. Dazu legte ich eine Karte: ‚Mir fallen keine sechs Dinge ein, die ich an Dir anders haben möchte. Ich liebe Dich so, wie Du bist.'

Wer erwartete mich an der Tür, als ich am Abend nach Hause kam? Richtig: meine Frau. Sie hatte fast Tränen in den Augen. Unnötig zu sagen, wie glücklich ich war, daß ich sie nicht kritisiert hatte, wie sie es wünschte.

Am andern Sonntag nach der Kirche kamen mehrere Frauen, die am gleichen Kurs teilnahmen und denen sie inzwischen von meiner Antwort erzählt hatte, auf mich zu und erklärten: ‚Das war das Taktvollste, was wir je gehört haben.' An diesem Beispiel ist mir bewußt geworden, welche Macht Anerkennung besitzt."

Ich weiß, es fällt uns oft entsetzlich schwer, zu ent-SCHULD-igen (die Last der Schuld von jemanden zu nehmen), aber wie G. JAMPOLSKY betont: Mit dem Verzeihen helfen wir uns (auch) selbst. Sein folgendes Beispiel mag uns vielleicht etwas übertrieben anmuten, besonders, wenn wir diese Ver-BUND-enheit verloren haben…

bitte umblättern

# Verzeihen ist die größte Heilung

... „wenn ein Stammesmitglied der Babemba aus Südafrika ungerecht gewesen ist oder unverantwortlich gehandelt hat, wird er in die Dorfmitte gebracht, aber nicht daran gehindert wegzulaufen.

Alle im Dorf hören auf zu arbeiten und versammeln sich um den „Angeklagten". Dann erinnert jedes Stammesmitglied, ganz gleich welchen Alters, die Person in der Mitte daran, was sie in ihrem Leben Gutes getan hat.

Alles, an das man sich in Bezug auf diesen Menschen erinnern kann, wird in allen Einzelheiten dargelegt. Alle seine positiven Eigenschaften, seine guten Taten, seine Stärken und seine Güte werden dem „Angeklagten" in Erinnerung gerufen. Alle, die den Kreis um ihn herum bilden, schildern dies sehr ausführlich.

Die einzelnen Geschichten über diese Person werden mit absoluter Ehrlichkeit und großer Liebe erzählt. Es ist niemandem erlaubt, das Geschehene zu übertreiben, und alle wissen, daß sie nichts erfinden dürfen. Niemand ist bei dem, was er sagt, unehrlich und sarkastisch.

Die Zeremonie wird so lange fortgeführt, bis jeder im Dorf mitgeteilt hat, wie sehr er diese Person als Mitglied der Gemeinde schätzt und respektiert. Der ganze Vorgang kann mehrere Tage dauern. Am Ende wird der Kreis geöffnet, und nachdem der Betreffende wieder in den Stamm aufgenommen worden ist, findet eine fröhliche Feier statt.

Wenn wir durch die Augen der Liebe sehen, wie es in der Zeremonie so schön sichtbar wird, entdecken wir nur Vergebung und den Wunsch nach Integration. Alle Mitglieder des Kreises und die Person, die in der Mitte

**steht, werden daran erinnert, daß durch Verzeihen die Möglichkeit gegeben wird, die Vergangenheit und die Angst vor der Zukunft loszulassen. Der Mensch in der Mitte wird nicht länger als schlecht bewertet oder aus der Gemeinschaft ausgeschlossen. Stattdessen wird er daran erinnert, wie viel Liebe in ihm steckt, und dann wieder in die Gemeinschaft integriert."**

## Jammern und Lamentieren

Murray RAPHEL ist ein amerikanischer Marketing-Trainer, der zuerst mit einigen Textil-Häusern bewies, wie man erfolgreich wird, sagt in seinem Buch*: Wenn man das Klagen, Lamentieren und Meckern wegstreicht, dann bleibt bei den meisten Menschen nicht mehr viel übrig.

Während seine Frau den Salat anmacht, erzählt er ihr, daß viele Leute außer Jammern nicht viel zu sagen hätten: „Sie jammern, meckern, klagen, lamentieren. Wenn man das alles wegstreicht, bleibt bei manchen nicht viel

---

* Zwar gibt es das Buch auch auf Deutsch und ich möchte es allen, die im weitesten Sinn erfolgreiche Kundenkontakte aufbauen und pflegen möchten, wärmstens empfehlen, aber der deutsche Titel ist extrem irreführend. Aus dem Original-Titel *Mind Your Own Business* wurde: *Der Geschäftsbrief, der nahezu alles verkauft.* Dies verleugnet nicht nur die spannende Doppelbedeutung des Originals, sondern ist sachlich falsch, denn das Buch handelt nicht nur von (Werbe-)Briefen!

übrig." Aber sie hat nicht richtig aufgepaßt. Nach dem Essen ergab sich folgender Dialog:

Sie: „Na, hat das Steak geschmeckt?"

Er: „Ja, es war okay."

Sie: Es war zäh, nicht wahr?

Er: Ja, ein bißchen.

Sie: Was sagt man da. Wir zahlen Spitzenpreise und bekommen dafür zähes Fleisch!

Er: Nun …

Sie: Frechheit ist das! Zu behaupten, man führe das beste Fleisch in der Stadt, und dann so etwas zu verkaufen. Unverschämtheit!

Er: Nun, wenn du das so siehst, solltest du dagegen etwas unternehmen.

Sie: Etwas unternehmen? Was denn?

Er: Wie ich vorhin sagte, wenn man die Klagen wegstreicht, haben die meisten Menschen nicht viel zu sagen.

Sie: Was soll das heißen? Ist das wieder etwas aus deinen Seminaren?

Er: Nein. Hör dir doch einmal selber zu. Du hast dich über das Fleisch beklagt. Berechtigte Klage. Aber was willst du jetzt in dieser Sache unternehmen?

Sie: Was kann ich denn tun?

Er: Nun, überlegen wir einmal, wie wäre es, wenn wir den Metzger verklagen?

Sie: Den Metzger verklagen?

Er: Sicher, wir erzählen vor Gericht, daß er für zarte Steaks Reklame gemacht hat und daß sie in Wirklichkeit zäh waren.

Sie: Ach nein, ich möchte ihn nicht verklagen!

Er: Okay, ich habe eine andere Idee. Wir machen eine Demo nach dem Motto „Dieser Metzger verkauft zähes Fleisch", und dann stellen wir uns morgen als Streikposten vor seinem Laden auf.

Sie: Als Streikposten? Hast du sie noch alle?

Er: Entschuldige, ich möchte doch etwas tun, nicht nur klagen und kritisieren.

Sie: Gut, gut, ich höre ja schon auf zu klagen. Ich sage ja nichts mehr. Aber das Fleisch war wirklich zäh.

Falls Sie feststellen müssen, daß auch Sie relativ häufig jammern und klagen, dann sollte Ihnen klar sein, daß so ein Verhalten viel mit den **Modellen** zu tun hat. Mit *Modell* meinen wir alle Personen, die uns früher (sogar bis heute) quasi „Modell standen", weil sie uns vorgelebt haben, wie „man" sich in bestimmten Situationen verhalten „muß". Hat man uns immer vorgelebt, daß man im Zweifelsfalle prinzipiell beginnt herumzumeckern (andere in die Pfanne zu hauen, sich über Abwesende zu beschweren etc.), dann haben wir dadurch ein „ungeschriebenes Gesetz" als Gebot übernommen. In Worte gefaßt klingt es absolut verrückt, nämlich: *Wenn etwas* *schiefgeht, dann mußt du meckern.* Dieses Gebot haben wir **per Imitation** übernommen, meistens ohne darüber auch nur einmal nachzudenken.

Aber **heute** können Sie aus diesem Verhalten ausbrechen, wenn Sie wollen. Als LEHRE formuliert:

> **Immer wenn Sie sich beim Jammern (Meckern, Kritisieren, Lamentieren etc.) ertappen, dann stellen Sie sich die Frage: Was kann ich konkret tun? Entweder Sie können tatsächlich etwas Intelligentes unternehmen, oder aber Sie entscheiden sich jetzt innerlich, das Thema zu wechseln. Dies ist im Zweifelsfalle das sinnvollste Verhalten, wenn Ihnen kein besseres einfällt.**

Solche Entscheidungen können natürlich nur Gehirnbenutzer treffen. Adler mit vollem Überblick treffen solche Entscheidungen, während die Frösche weiterquaken (lamentieren).

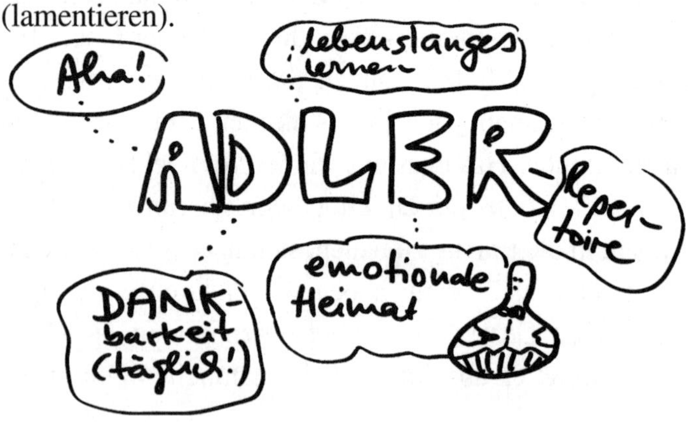

# Motivations-Stories

Es folgen drei Motivations-Stories aus der überaus erfolgreichen Feder von Dale CARNEGIE*. Zwar sind sie einige Jahrzehnte alt, aber die menschliche Natur hat sich in dieser Zeit wenig geändert, ja sogar die von Kälbern dürfte ziemlich gleich geblieben sein...:

## 1. Motivation eines Kalbes

**Ralph Waldo Emerson und sein Sohn versuchten einmal gemeinsam, ein Kalb in den Stall zu bringen. Sie machten aber beide den Fehler, daß sie nur an das dachten, was sie wollten. Der Junge zerrte an dem Tier, und Emerson schob es von hinten. Das Kalb aber wollte etwas anderes. Deshalb machte es die Beine steif und weigerte sich hartnäckig, die Weide zu verlassen. Das irische Dienstmädchen erfaßte die Lage augenblicklich. ... Sie wußte genau, was das Kalb gern hatte, steckte ihm die Finger ins Maul und ließ es daran lutschen, während sie es sanft in den Stall führte.**

---

* Achtung: Der (auf S. 111) erwähnte Stahlmagnat und einer der Väter der Psychologie des Erfolgs tragen den gleichen Nachnamen. Dale CARNEGIE machte den Menschen vor über 100 Jahren Mut, daß sie ihre alltäglichen Probleme erfolgreicher lösen konnten (wie auch die drei folgenden Fallbeispiele zeigen). Quelle: *Wie man Freunde gewinnt* („und Menschen beeinflußt" – den zweiten Teil des Titels hat man im Deutschen unterschlagen: *How to Win Friends and influence People.*) Dies sicherlich ist eines der einflußreichsten Bücher jener Epoche.

Wenn Sie mein Insel-Modell kennen*, dann sehen Sie das Prinzip wieder glasklar: Man mußte nur die Brücke zur „Insel" des Kalbes bauen. Dasselbe tut der Vater im folgenden Beispiel mit der Insel seines Dreijährigen.

## 2. Motivation eines Dreijährigen

Ein anderes Beispiel von Überzeugungskunst stammt von einem (von Dale CARNEGIES) Kursteilnehmer(n). Als er eines Abends von der Arbeit nach Hause kam, fand er seinen Jüngsten trotzend und heulend auf dem Wohnzimmerboden. Er sollte am anderen Tag in den Kindergarten eintreten und protestierte, er gehe nicht. Die normale Reaktion des Vaters wäre gewesen, den Jungen auf sein Zimmer zu schicken, damit er sich anders besinne. An jenem Abend jedoch spürte er, daß diese Methode nicht dazu angetan war, in seinem Sohn die richtige Einstellung zum Kindergarten zu erwecken.

Also setzte er sich hin und überlegte. „Warum könnte ich mich auf den Kindergarten freuen, wenn ich jetzt an Tommys Stelle wäre?" Zusammen mit seiner Frau stellte er eine Liste all der spannenden Dinge auf, die den Kleinen im Kindergarten erwarten: mit Fingerfarben malen, Lieder singen, andere Kinder kennenlernen. Dann schritten die Eltern zur Tat. „Wir setzten uns alle um den Küchentisch und malten mit Fingerfarben – die Mama, der ältere Bruder und ich. Es war ein großer Spaß, und schon

---

* Vgl. mein Taschenbuch: *Erfolgstraining.* Stellen Sie sich jeden Menschen als einsamen Bewohner einer Insel vor, die er zwar nie verlassen, wohl aber erweitern kann.

bald schielte Tommy um die Ecke. Als nächstes wollte er auch mitmachen. ‚Oh nein, dazu muß man erst in den Kindergarten gehen und lernen, wie man mit Fingerfarben malt.' Und dann erzählte ich ihm anhand unserer Liste mit der größten Begeisterung ... in Worten, die er verstand, was für herrliche Dinge er im Kindergarten tun und erleben würde. Am anderen Morgen dachte ich, als erster aufgestanden zu sein, aber als ich ins Wohnzimmer kam, lag Tommy schlafend in einem Sessel. ‚Was machst du denn hier?' fragte ich. ‚Ich warte, um in den Kindergarten zu gehen. Ich möchte nicht zu spät kommen.' Die Begeisterung der ganzen Familie hatte in ihm ein solches Verlangen geweckt, wie wir es mit Zureden oder Drohungen kaum hätten erreichen können."

Wenn Sie dieses Buch als **Seminar-Buch** durcharbeiten, dann wollen Sie jetzt vielleicht darauf achten, daß Sie nicht eine Story nach der anderen in sich „hineinschlingen" sondern erst kurz innehalten:

- **Denken** Sie ein wenig nach über die gerade gelesenen Stories, machen Sie vielleicht ein KaWa©* zu den Schlüssel-Begriffen.
- **Diskutieren** Sie mit anderen darüber.
- **Fragen** Sie sich, in welcher Situation Sie selbst sich vor kurzem eher wie die Hauptpersonen der letzten Stories verhalten haben (natürlich **vor** der Erleuchtung).

---

* siehe auch mein Taschenbuch: *Stroh im Kopf?* (ab der 36., vollkommen überarbeiteten Auflage) sowie, S. 17, 31, 52, 98, 106f., 120, 153

Dann erst lesen Sie das nächste Beispiel und stellen sich die berühmte klassische Frage nach dem gemeinsamen Nenner (von Gregory BATESON): **Was verbindet ein Kalb, einen Dreijährigen und einen Industriekapitän?**

## 3. Motivation – Briefmarken

Charles Walters, der in einer der größten Banken von New York City arbeitete, sollte einen vertraulichen Bericht über eine bestimmte Gesellschaft ausarbeiten. Seines Wissens nach gab es nur einen einzigen Mann, der über die (nötigen) Unterlagen verfügte ...: den Direktor eines großen Industriekonzerns. Als er das Büro des Mannes betrat, ... teilte eine Sekretärin ... ihrem Chef mit, daß sie heute leider keine Marken für ihn habe. „Ich sammle nämlich Briefmarken für meinen zwölfjährigen Sohn", erklärte der Direktor seinem Besucher. Walters erklärte den Grund seines Kommens und stellte dem Direktor ... Fragen. Seine Antworten waren ... unverbindlich, allgemein und unklar. Er wollte nicht auspacken, und es schien, als könne ihn nichts zum Sprechen bewegen. Die Unterredung war kurz und dürftig.

„Ich hatte, ... keine Ahnung, was ich nun tun sollte", sagte Walters ... vor der Klasse (= ein CARNEGIE-Kurs). „Dann kam mir in den Sinn, daß die Auslandsabteilung unserer Bank Marken sammelt, mit denen die Briefe frankiert sind, die aus aller Welt bei uns eingehen. Am nächsten Nachmittag ging ich abermals beim Büro des besagten Direktors vorbei und meldete, ich hätte einige Briefmarken für seinen Sohn.

Die Begeisterung hätten Sie sehen sollen, mit der ich empfangen wurde. Er hätte mir die Hand nicht herzlicher schütteln können, wenn er für den Kongreß kandidiert hätte. Lächeln und Strahlen übers ganze Gesicht. ‚Da wird sich meine Junge aber freuen', wiederholte er ein ums andere Mal ...

Wir brachten eine halbe Stunde damit zu, Briefmarken anzuschauen und das Bild seines Sohnes zu betrachten, dann widmete er mir über eine Stunde und **gab mir sämtliche Auskünfte, die ich brauchte** – ohne daß ich ihn überhaupt darum gebeten hatte. Er ... ließ seine Mitarbeiter kommen, fragte sie noch nach weiteren Einzelheiten und telefonierte sogar mit einem Geschäftsfreund. Schwer mit Tatsachen, Zahlen, Rapporten und Korrespondenz beladen, verließ ich sein Büro. In der Sprache der Journalisten ausgedrückt, hatte ich meinen Knüller beisammen."

Im Seminar löst die Story oft starke Reaktionen aus, weil viele Teilnehmer/innen sich über ähnliche Situationen in ihrem Leben austauschen wollen. Dies möchten auch Sie vielleicht, indem Sie sich erstens erinnern, ob es eine ähnliche Parallele in Ihrem persönlichen Leben gibt (bei welcher Sie welche der beiden wichtigen Rollen spielten?). Zweitens kann ein gegenseitiges Erzählen zu mehreren (in einer Gesprächsrunde oder hintereinander in Einzelgesprächen) uns diese „Lektion" noch stärker vermitteln, sodaß wir in ähnlichen Situationen in der Zukunft eher daran denken werden.

Wieder einmal sehen wir, wie eine Story uns helfen kann, für den Rest unseres Lebens davon zu profitieren, wenn wir wollen...

# Service-Stories

Eines der Haupt-Probleme in Deutschland ist der Service, wie man weiß. Die einen sprechen von der *Service-Wüste*, die anderen (vor allem im Rest der Welt) von der *deutschen Krankheit*! Warum aber fällt uns Service so schwer? In meinem Seminar *Zukunfts-Tauglichkeit* erkläre ich: Wenn wir den Begriff wörtlich nehmen, dann sehen wir die Wurzel des Problems. *Service = DIENST-Leistung:* Wir können zwar hervorragend **leisten**, wollen aber keinesfalls **dienen**. Wir verwechseln **Servilität** (= Unterwürfigkeit) mit **Service**, wobei nur echte Profis zu echten Service-LEISTUNGEN fähig sind.

Einige der Stories, die ich im Seminar erzähle, finden Sie in diesem Modul.

## Kann man den Kunden trauen?

Der britische Spezialist für Qualitätsverbesserung im Servicebereich, John SEDDON*, rät seinen Klienten: *Bieten Sie im Dienstleistungsbereich Ihren Kunden an, bei Nicht-Gefallen nichts zu bezahlen.*

---

* Quelle: *The Unreasonable Guide: I want You to Cheat*

So informiert z.B. ein Restaurantbesitzer seine Gäste mit einem Riesenschild an der Wand: „Wenn es Ihnen nicht schmeckt, zahlen Sie nichts!“ Was glauben Sie? Werden viele Gäste dies ausnutzen?

Beim Studium des Kundenverhaltens ergaben sich drei Gründe, warum Kunden/Gäste weit ehrlicher sind, als viele meiner Seminarteilnehmer im ersten Ansatz annehmen würden:

1. Unehrliche Gäste (die regelmäßig kostenlos zum Essen kommen) wären dem Personal bald bekannt, so daß man sie ausklammern könnte.
2. Ein psychologischer Mechanismus heißt *Projektion.* In anderen Worten: Wenn ein Geschäftsmann so ein Angebot nur macht, weil er die Erfolge des Restaurantbesitzers einfach kopieren möchte, dann wird er tatsächlich mit einigen „unehrlichen“ Gästen konfrontiert! Macht man so ein Angebot jedoch aus einer positiven inneren Haltung heraus, weil man sich schämen würde, von einem Gast, dem es nicht geschmeckt hat, Geld zu nehmen, dann sind die Erfahrungswerte mit dieser Strategie ausnahmslos positiv.
3. Die Strategie „Bei Mißfallen zahlen Sie nichts“ darf auf keinen Fall verwechselt werden mit der Strategie „Bei Nichtgefallen Geld zurück“, weil letztere eine vollkommen andere psychologische Basis hat. Hier

muß der Kunde sein Nicht-Gefallen begründen. Oft bekommt er es jetzt mit „Fachleuten für Reklamationen“ zu tun (also nicht mehr mit den Mitarbeitern, die ihn bis jetzt betreut/bedient hatten).

Außerdem lenkt diese Strategie die Aufmerksamkeit der Mitarbeiter zu häufig auf Aspekte, die **nicht** funktionieren. Eine britische Firma schickte ihren Kunden mit der Ware ein „Service-Blatt“: „Gewinnen Sie zehn Pfund, wenn Sie uns bei einem Fehler erwischen!“

Stellen Sie sich vor, eine Fluglinie hat zu viele Buchungen angenommen. Sie stehen mit Ihrem Lebenspartner und Kind völlig erschöpft am Tresen und erfahren, daß Ihr Weiterflug erst in vier Stunden möglich ist. Dafür dürfen Sie ein Formular ausfüllen und Ihre zehn Pfund einfordern...

Wie würden Sie dieselbe Situation erleben, wenn der verspätete Flug zu Lasten der Flugfirma ginge (und man Sie in der Wartezeit hervorragend betreuen würde)? In welchem Fall wird das Personal mehr bemüht sein, solche Pannen gar nicht erst eintreten zu lassen? Und: In welchem Fall steigt die Wahrscheinlichkeit, daß Sie diese Fluglinie wieder wählen? Na eben!

## Darf eine Firma ihren eigenen Kundenbetreuern trauen?

Zwar bemühen sich immer mehr Firmen im Servicebereich, „mehr zu tun“, aber... Einer meiner Kunden erzählte mir, was sich in seinem Büro abgespielt hatte.

Stellen Sie sich vor, Sie kaufen einen neuen Drucker für Ihre Computeranlage. Die Werbung hatte bestimmte Vorstellungen in Ihnen geweckt, auch ein Bericht in einer Fachzeitschrift (den Sie lasen, weil Sie davor die brillante Werbung gesehen hatten) versprach Ihnen die Lösung aller Ihrer Rasterprobleme bei Scans, z.B. für Prospekte, mit denen Sie wiederum Ihre Kunden beeindrucken wollen.

Tja, und jetzt steht das neue Stück in Ihrem Büro und die Abbildungen sind um keinen Deut besser als mit dem alten Gerät. Das ärgert Sie vor allem deshalb, weil der Kundenbetreuer Ihnen am Tag der Installation einige Musterausdrucke (mit seinen mitgebrachten Vorlagen!) angefertigt hatte, die Ihren Hoffnungen voll entsprachen. Nun wollen Sie mit diesem Fachmann reden. Er soll noch einmal kommen und Ihnen mit Ihren eigenen Vorlagen zeigen, was der neue Drucker wirklich kann. (Sie sind ein wenig sauer auf sich, weil Sie am Installationstag nicht gleich auf diese gute Idee gekommen waren.)

Also greifen Sie zum Hörer und wollen einen Termin vereinbaren. Aber nun teilt man Ihnen mit, daß für Reklamationen ein anderer Mitarbeiter zuständig ist. Sie bestehen darauf, daß Sie Ihrem Betreuer ja im Vorfeld genau erklärt hatten, wie Ihre Tagesarbeit aussieht und worauf es Ihnen ankommt, aber es nützt nichts. Entweder Sie lassen den Ihnen unbe-

**kannten Fachmann für Reklamationen kommen, oder Sie haben gar keine Chance…**

So geschah es einem meiner Kunden. Ich kannte jemanden bei dieser Lieferfirma. Also rief ich dort an und befragte meinen Kontakt über das Servicegebahren. Dabei erfuhr ich: Der Verkäufer/Betreuer dieses Lieferanten darf bei Reklamationen prinzipiell niemals selbst zum Kunden gehen, denn die Erfahrung habe gezeigt, daß er (in der Hoffnung auf spätere Geschäfte) viel zu großzügig mit den Ressourcen der eigenen Firma umginge. Mein Kontaktmann sagte wörtlich: „Das muß ein Reklamationsspezialist machen, der die Situation weit realistischer einschätzen kann." Aus der Sicht der Lieferfirma scheint diese Argumentation von bestechender Logik. **Aber eben diese „stechende" Logik wirkt wie ein Dolch in der Brust des Kunden!**

Jetzt verstehen Sie jetzt vielleicht etwas besser, warum es so schwer ist, die Bedürfnisse der Kunden zu erfüllen. Wenn Sie in Ihrer Firma Einfluß nehmen können, dann fragen Sie sich bitte (das ist nämlich unsere Lehre):

**Wie werden ähnliche Situationen in Ihrer Firma gehandhabt? Teilt man die Angst, Ihre eigenen Experten könnten mit dem Kunden „fraternisieren"? Befürchten die Führungskräfte Ihres Hauses, Ihre Fachleute könnten doch**

**tatsächlich versuchen, Ihre wertvollen Kunden zufriedenzustellen?**

Wenn man es so FORM-uliert, wie wirkt diese FORM von *Kundenbetreuung* auf Sie?

## Frösche und Adler (der Taxifahrer)

Wir kommen auf den faszinierenden Gedanken von Wayne DYER zurück (vgl. S. 97). Dieser amerikanische Erfolgs-Trainer und -Autor wurde im Radio interviewt und seine Metapher (Menschen als *Frösche* oder *Adler*). Wobei das wieder viel mit Ihren Programmen zu tun hat. Wenn Sie von Adlern umgeben waren, dann wurden Sie entsprechend geprägt. Waren Sie hingegen von Fröschen umgeben, dann quaken Sie möglicherweise mehr.

Es gab einmal einen New Yorker Taxifahrer*, der in seinem ziemlich verschmutzten und verwahrlosten Taxi saß. Seine Rechtfertigungen für diesen Zustand, die er z.B. Kollegen, deren Taxis in einem ähnlichen Zustand waren, häufig und lautstark mitteilte: Weil die Kunden alle fiese Leute waren, die besoffen einstiegen und einem Löcher in die Sitzpolster brannten, lohnte es sich ja weiß Gott nicht, den Wagen instand zu halten, zu putzen usw. Da waren er und diejenigen seiner Kollegen, mit denen er gerne zusammen quakte, sich immer einig gewesen. Worüber ebenfalls Einigkeit herrschte: daß die Regierung schuld war an der Tatsache, daß sie zu wenig verdienten, weil nämlich immer mehr Leute Taxi-Lizenzen bekämen und die Konkurrenz einem das Geschäft wegnähme. Quaaaaaak!

Nun stand dieser Taxifahrer in einer langen Warteschlange am Bahnhof, reflektierte über die besch… Mistwelt da draußen und hört Radio.

Auf einmal begann das DYER-Interview, das nach einigen Sätzen in sein Bewußtsein einzudringen begann. Und er hörte, daß DYER die Menschen in Frösche und Adler einteilte. Und daß das etwas mit Verantwortung zu tun habe, die man als Adler selbst übernimmt und als Frosch der Welt zuschanzen möchte. Weshalb sich die Frösche nicht nur schwach und hilflos fühlen, sondern für ihre Probleme immer die Welt (die Regierung, den Wettbewerb, andere Menschen) verantwortlich ma-

* Quelle: Ich fand die Story u.a. in einem der vielen Bücher von Ken BLANCHARD (freie Nacherzählung).

chen und jammern und klagen* (quaken). Nach ungefähr 10 Minuten wurde ihm mit einem Schlag klar: *Der redet ja von mir! Das bin ja ich – der Frosch! Immer jammere und meckere ich herum!!* Nun, dieser Taxifahrer war so betroffen, daß er seinen Platz in der Warteschlange verließ, in den Stadtpark fuhr und dort erst einmal lange und tief nachdachte. Aber er verarbeitete nicht nur Einsichten, er zog auch Konsequenzen daraus. Heute ist er einer der erfolgreichsten New Yorker Taxiunternehmer.

Als er sich fragte, inwieweit er möglicherweise selbst Verantwortung für den desolaten Zustand seines Wagens (und seines Lebens!) übernehmen konnte, wurde ihm z.B. klar, daß sein verwahrlostes Taxi eng mit seiner Schuldzuweisung an seine Kunden zusammenhing (diese „Schweine"). Diese Einstellung hatte sich seinen Kunden natürlich auch „irgendwie" mitgeteilt. Man könnte etwas boshaft feststellen: Analog dem bekannten Motto „Jedes Volk hat die Regierung, die es verdient" könnten wir hier folgern: *Jeder Dienst-*

* Vgl. Jammern-Dialog S. 118 ff.

*leister (und Verkäufer) hat die Kunden, die er verdient.* Dieser Taxifahrer konnte ja früher keine „guten" Kunden anziehen, die sich vor dem verdreckten Taxi grausten! Nun kreierte er eine **Metapher** (vgl. Abschnitt *Manche Wörter sind Metaphern* S. 22ff.). Lassen Sie uns hier nur kurz festhalten, daß eine Metapher einen Vergleich irgendeiner Art beinhaltet. Dieser Taxifahrer änderte seine Metapher für seine Kunden; er begann nämlich, darüber nachzudenken, wie es wäre, wenn diese Kunden zu ihm nach Hause kämen (statt in sein Auto einzusteigen):

*Wenn mein Haus so verdreckt wäre wie mein Taxi, dann würde ich niemanden hereinlassen. Wenn jemand zu mir nach Hause käme, würde ich ihm die Türe öffnen. Wenn jemand zu mir nach Hause käme, den ich persönlich noch nicht kenne (z.B. der Begleiter eines Bekannten), dann würde ich mich* ***namentlich vorstellen****. Wenn jemand zu mir nach Hause käme, würde ich ihm etwas zu trinken anbieten ...*

Sein Erfolg begann mit dem Ändern seiner Metapher. Aus „Schweinen" wurden liebe **Gäste**. Nun sprechen wir im Deutschen von einem „Fahrgast", bei uns bietet sich diese Metapher geradezu an (nicht daß viele Taxifahrer das berücksichtigen würden!), aber im Englischen ist die Vorstellung, Fahrgäste als **Gäste** zu sehen, eine **eigenständige** Idee. Denn dort wartet der Taxifahrer ja auf die nächste „fare". (Es besteht eine Wortverwandtschaft mit unserem Begriff *Fuhre*, was u.a. auch *Fahrgeld, Kost, Verpflegung* bedeutet; auf alle Fälle beinhaltet *fare* **nicht** die Idee von *Gast*!)

Als unser Taxifahrer sich ganz bewußt entschloß, Verantwortung für sein „rollendes Haus" zu übernehmen und potentielle Kunden als potentielle Gäste zu sehen, fielen ihm sofort eine Reihe von konkreten Verbesserungsmaßnahmen ein, die er innerhalb von Tagen implementierte! Mit dieser neuen Metapher gestaltete er ein völlig neues Business.

Heute kommt er in einem blitzblanken Auto zu Ihnen, er macht Ihnen die Tür auf, er stellt sich mit Visitenkarte vor. Er bietet Ihnen zu trinken an, heiß oder kalt (Kaffee mit und ohne Koffein, Tee und kalte Getränke aus der Minibar). Er bietet Ihnen per CD-Sammlung Musik an, die Sie über Kopfhörer oder die Auto-Anlage hören können. Er hat aktuelle Zeitungen mit Börsenberichten usw. für Sie, wenn Sie lesen wollen. Er erklärt Ihnen: „Wenn Sie sich unterhalten wollen, gerne, wenn nicht, ist das selbstverständlich auch ok."

Heute ist er ständig ausgebucht, er fährt nur noch auf Vorbestellung. Er steht nicht mehr mit einem dreckigen Taxi am Bahnhof herum. Es ist ihm klargeworden, daß die Adler **nicht** darunter leiden, wenn die Regierung Tausenden von Fröschen Taxi-Lizenzen gibt! Außerdem fährt er heute so gut wie nie mehr Kunden vom Typ „Besoffener brennt Loch in den Sitz". (Und wenn so etwas passiert, gehört dieses „Restrisiko" zu den Risiken eines Unternehmers, die er heute akzeptiert.)

Verantwortung für das eigene Leben zu übernehmen, heißt u.a. auch, besser mit den Risiken und Gefahren des Alltags umgehen zu können. Das sind Entscheidungen, die wir treffen können. Wir alle können uns Tag für Tag von neuem entscheiden, ob wir quaken wollen oder nicht! Und **eine** Form des Quakens ist das Jammern…

Natürlich sagen manche Seminar-Teilnehmer/innen, die Idee dieser Story sei doch „primitiv". Man ändert einen

Gedanken und schon, schwupps, stellt sich der Erfolg ein. Aber oft liegt wirklich eine „einfache“ Lösung hinter einem dramatischen Wandel von Mißerfolg zu Erfolg. Auch die folgende Story zeigt, welch „einfache“ Maßnahmen in manchen Firmen (hier in einem Supermarkt) Erstaunliches be-WIRK-en könnnen, d.h., sie schaffen eine andere WIRK-lichkeit als jene, die ohne diese „einfache“ Maßnahme „stattgefunden“ hätte.

## Das Glanzstück von Barbara GLANZ

Barbara GLANZ, eine erfolgreiche Trainerin in Amerika, erklärt ihren Kunden, die im weitesten Sinne Dienstleister sind*: *Um erfolgreich in seinem Beruf zu sein, sollte man eine persönliche Note entwickeln. D. h., man sollte irgendein Detail finden, in dem man diesen Job* ***anders*** *macht* ***als alle anderen****, die ihn ebenfalls ausüben. Das meine ich mit der Idee Ihrer persönlichen Note.*

Nun hatte Barbara GLANZ vor 3000 Mitarbeitern einer Supermarkt-Kette ihren Vortrag zu diesem Thema (persönliche Note) gehalten. In diesem Vortrag hatte sie einige Beispiele vorgestellt:

- Das Beispiel eines **Piloten** einer Fluglinie…

---

* Quelle: Jack CANFIELD & Jacqueline MILLER: *Geben wir der Arbeit Herz und Seele zurück* (freie Nacherzählung).

der nach einem Flug in die Halle an den Computer geht und sich dort ein paar der Namen von den Menschen geben läßt, die gerade mit ihm geflogen sind. Er schreibt ein kleines persönliches Dankeschön an diese Fluggäste. Die bekommen also einen Brief von dem Piloten, der sagt: „Schön, daß Sie mit uns geflogen sind. Ich war Ihr Pilot. Ich wünsche Ihnen noch alles Gute." Würden Sie sich freuen? Das macht er nicht mit allen Kunden, sondern bei jedem Flug nur mit vier, fünf Personen. Aber das summiert sich natürlich. **Das ist die persönliche Note dieses spezifischen Piloten!**

- Das Beispiel eines ***baggage handlers*** einer anderen Fluglinie (*baggage handler* be HAND-eln das Gepäck, sie laden es z.B. aufs Rollband und überprüfen hinterher, ob ein Koffer übriggeblieben ist);

Barbara GLANZ erzählt von einem besonderen *baggage handler*, der natürlich regelmäßig einige Adressen-Anhänger findet, darunter auch „schöne": Stellen Sie sich vor, Sie hätten einen **türkisen** Schalenkoffer gekauft, dann könnten Sie sich darüber ärgern, wenn der **passende** (schöne) **türkise Anhänger** verlorengeht. Nun macht dieser *baggage handler* folgendes: Da auf dem Adressen-Anhänger Ihre Adresse steht, schickt er Ihnen Ihren Anhänger mit einem kleinen Gruß. („Wir danken Ihnen, daß Sie mit uns geflogen sind.") **Das ist die persönliche Note dieses spezifischen Menschen!**

Sie sehen also: Es geht bei der persönlichen Note keinesfalls darum, den sogenannten eigentlichen Job besser zu machen. Deshalb kann man die persönliche Note auch nicht in Seminaren üben. Es geht um eine **persön-**

**liche Note jedes einzelnen**, eine (kleine) Handlung, die eine Person ausführt, weil sie **Lust** dazu hat. Sie entspringt ihrer Persönlichkeit, nicht der Job-Beschreibung. Merke: Unser Pilot fliegt deswegen nicht besser als andere Piloten! Es gilt, ein kleines persönliches Leistungsangebot zu finden, das Ihrer Art entspricht und Ihnen selbst Freude macht.

Das alles erzählte Frau GLANZ den 3000 Zuhörern. Drei Wochen später ruft sie einer jener 3000 Menschen an, ein junger Mann namens Johnny. Er erzählt, er sei mongoloid und arbeite als Tütenpacker an der Kasse in einem der Supermärkte jener Ladenkette. Er fand ihren Vortrag ganz toll. Zuhause hat er seinen Vater gebeten, ihm zu zeigen, wie man den Computer benutzt. Jetzt setzt er sich jeden Abend hin und schreibt einen **thought for the day**, (= wörtlich ***Gedanke***; im Sinne eines *Spruch des Tages*). Er sucht sich irgendwo ein Zitat heraus, das tippt er sauber ein und verteilt es dann mit dem Kopieren-Befehl viele Male in drei Spalten auf der Seite. Von dieser Seite druckt er mehrere, zerschneidet sie sorgfältig und erhält auf diese Weise zahlreiche visitenkartengroße **thoughts for the day**. Auf die Rückseite schreibt er mit der Hand „Johnny" und diese Zettelchen **legt er den Kunden beim Packen in die Einkaufstüten**. Eine kleine Geste. Seine persönliche Note, die er allabendlich mit Liebe und Hingabe bastelt, weil es ihm Freude macht! Andere bauen ein Schiff in der Flasche, Johnny sucht sich ein inspirierendes Bonmot und befaßt sich eine Stunde lang intensiv damit. Es macht ihm Freude, den Kunden morgen damit eine Freude zu bereiten.

Das alles erzählte er Barbara GLANZ, und sie gratulierte ihm und teilte ihm mit, wie toll sie das fand. Es macht uns Trainerinnen und Trainern Freude, wenn wir Rückmeldungen von „draußen" bekommen, daß irgendwelche Ideen aus dem Seminarraum ins normale Leben gewandert sind. Aber dies ist noch nicht das Ende dieser Story, denn vier Wochen später rief sie der Manager desselben Supermarktes ebenfalls an. Er wollte ihr von Johnny berichten, und als sie ihm mitgeteilt hatte, sie wisse schon Bescheid, fuhr er fort:

*Stellen Sie sich das vor, Barbara, ich komme vom Büro herunter in den Laden und sehe diese riesigen Warteschlangen und sage: „Leute, macht die anderen Kassen auf." „Nein", sagen die Kunden, „wir wollen zu Johnny, wir wollen unseren **thought for the day**." Eine Kundin erzählte mir, sie sei früher einmal in der Woche zu uns gekommen, jetzt kommt sie täglich, weil sie ihren **thought for the day** bekommen will. Also, Sie sehen, die Antwort auf die Frage: „Wer ist die wichtigste Person in unserem Laden?" lautet eindeutig: „Johnny!"*

Aber selbst hier ist die Story noch nicht zu Ende! Denn er rief sie zwei Monate später noch einmal an:

*Es ist unglaublich, was Sie mit der Idee einer persönlichen Note bei uns ausgelöst haben. Nach dem Riesen-Erfolg von Johnny wollen jetzt alle mitmachen! In jedem Department haben sich fast alle Mitarbeiter inzwischen etwas Besonderes ausgedacht. In der Blumenabteilung z.B. werden die abgefallenen Blüten, die wir früher immer weggeworfen haben, eingesammelt. Dann gehen die Blumen-Damen in den Laden und schenken sie einem jungen Mädchen oder einer älteren Dame (die sie gerne noch zwei Tage ins Wasser legt). Der Fleischpacker ist ein totaler Snoo-*

***py-Fan und hat (mit seinem Geld) 50 000 Snoopy-Aufkleber gekauft, die er auf die Fleischpackungen klebt ... Die Leute haben brillante Ideen entwickelt!***

Sie sehen, **was Stories bewirken können**. Durch die Fallbeispiele **(Geschichten!)** von dem Piloten und dem *baggage handler* begann sich **in Johnny eine Vorstellung zu entwickeln, die in ihm den glühenden Wunsch entzündete**, auch so etwas zu machen. Da er sich gerne mit Bonmots befaßt und oft einen ganzen Tag immer wieder an einen Satz denkt, um ihn so besser zu begreifen, lag seine zündende Idee zwei Tage später „ganz nahe". Deshalb betont Frau GLANZ ja auch, daß die persönliche Note immer der eigenen Person entspringen muß! Zwar können Stories anderer uns helfen, auf eigene Ideen kommen, aber die Handlung, zu der wir uns am Ende entschließen, muß uns selbst Freude machen, jeden Tag wieder!*

Nun erhebt sich die Frage, ob Sie persönlich direkt von der Story profitieren können (weil auch Sie im weitesten Sinne Dienstleister/in sind). Die Erfahrungen meiner Seminar-Teilnehmer/innen zeigen ganz klar, daß nicht nur der Kunde den Vorteil hat, sondern die Betroffenen selbst, eben **weil die Arbeit durch die persönliche Note mehr Spaß macht.**

Falls Sie übrigens glauben, Sie seien (Gott sei Dank?) kein/e Dienstleister/in, dann könnten Sie die Leute, die letztlich Ihr Gehalt finanzieren, als „Kunden" sehen, ob das nun steuerzahlende Bürger/innen sind oder im Zweifelsfall Ihre Chefs bzw. andere Kollegen in der Organisation, denen Sie „zuarbeiten". Wenn Ihre Arbeit Sinn und Zweck hat, dann gibt es immer jemanden, der von ihr profitieren muß, unabhängig vom Entgelt (in der Familie profitieren z.B. die Familienmitglieder!). Um die-

* Lassen Sie mich für alle Skeptiker, die immer behaupten, Service-Leistungen aller Art rechneten sich nicht, festhalten: Dieser Supermarkt macht heute **pro Quadratmeter dreimal soviel Umsatz wie alle anderen der Kette.**

se Person/en geht es: **Was könnten Sie sich als Ihre persönliche Note für sie ausdenken?**

Wenn wir uns fragen, warum die persönliche Note so gut „funktioniert“, dann wird uns klar, daß sie die Ver-BIND-ung untereinander verbessert. Person B freut sich über das, was Person A als persönliche Note gegeben hat. Ob A nun ein paar Cent/Dollar ausgegeben hat, um einen Snoopy-Aufkleber einzusetzen, oder ob seine Investition in Zeit besteht (wie bei Johnny) – immer sendet A an B das Signal:

Du als Mensch bist wichtig.
Deshalb möchte ich dein Herz erfreuen.

Es gibt keine wertvollere Botschaft als diese. Gleichzeitig gibt es kaum eine unbekanntere, wie wir bei folgendem Interview-Ausschnitt mit dem Mitsubishi-Chef sehen können: Der fragende Journalist kann die Antworten überhaupt nicht begreifen.

## Mitsubishi – Interview*

| | |
|---|---|
| 1. Frage: | Was ist das Geheimnis Ihres Erfolgs? |
| Mitsubishi: | Wissen Sie, wir nehmen die hier arbeitenden Personen ernst. |
| 2. Frage: | Ja gut, und weiter? |
| Mitsubishi: | Nun, nichts weiter; wir nehmen diese Menschen ernst. |
| 3. Frage: | Ich verstehe, und was heißt das? |
| Mitsubishi: | Daß wir diese Personen ernst nehmen. |

* Quelle: Reinhard K. SPRENGER: *Mythos Motivation.*

# Eine alte Sufi-Story: Das Mantra

Diese Story wird uns von Sufi-Meistern übermittelt. Sufis sind Angehörige einer philosophisch-religiösen Gruppe im persisch-arabischen Raum. Der Sufismus kennt drei Wege zur Erleuchtung: 1. die *Meditation* (darum geht es in der folgenden Geschichte), 2. die *Ekstase* (z.B. durch den Tanz der Derwische) und 3. den *intellektuellen Weg* (deshalb erzählen Sufi-Meister Stories wie die folgende*)!

> **Ein frisch gebackener Sufi-Meister befindet sich auf dem Rückweg von jenem Ort, an dem er gerade seine Ausbildung beendet hat (quasi ein frischgebackener „Diplom-Sufi"). Er reist mit dem Boot den Fluß entlang und kommt an eine kleine Insel, die durch eine Flußgabelung im Wasser entstanden ist.**

> **Auf dieser Insel hört er einen Sufi-Meister, der dort meditiert: Allahu Akbar, Allahu Akbar … „Na", denkt er, „jetzt habe ich gerade mein Sufidiplom. Ich weiß, daß da jemand sein Mantra falsch ausspricht. Also muß ich ihm das mitteilen."**

---

* Ich kenne diese Story seit über drei Jahrzehnten; sie wurde mir mündlich übermittelt. Aber wenn Sie weitere hervorragende Sufi-und Zen-Geschichten suchen, siehe Literaturverzeichnis Nr. 47.

Übrigens wird behauptet: Wenn jemand mit dem Mantra richtig meditiert, dann kann er Wunder vollbringen (z.B. heilen, Wasser in Wein verwandeln, über Wasser laufen usw.).

Er bindet sein Boot fest, betritt die Insel und findet dort einen Mann, der seit 40 Jahren an dieser Stelle sitzt und meditiert. Er wartet eine Weile, bis der Alte ihn aus den Augenwinkeln wahrnimmt, und erklärt ihm, er habe gerade seine Ausbildung beendet und er habe das Mantra gehört, und genaugenommen müßten diese heiligen Worte etwas anders ausgesprochen werden! „Da sei Allah vor!", sagt der Alte. „Das wußte ich ja nicht. Würde der junge Meister mich bitte unterweisen?" Jetzt üben sie einige Wochen lang, weil das seit Jahrzehnten eingeschliffene Verhalten beim Alten sich hartnäckig gegen Veränderung wehrt. Immer wenn sie meinen, jetzt beherrsche er die richtige Aussprache, fällt der Derwisch in die alte zurück.

Nach einigen Tagen scheint der Alte die neue Aussprache dann doch zu beherrschen, und der junge Meister will seine Reise in Richtung Heimat auf dem Fluß fortsetzen. Er rudert wieder los, doch nach einigen Minuten meint er plötzlich die Stimme des alten Mannes direkt hinter sich zu hören, was nicht möglich ist, da er sich inzwischen einige hundert Meter von der Insel entfernt hat.

Trotzdem hört er die Stimme des Alten, direkt hinter seinem linken Ohr. Erschrocken dreht er sich um, und tatsächlich ist ihm der Alte über das Wasser nachgelaufen: „Junger Meister, wie muß ich das Mantra bitte exakt aussprechen?"

Diese Geschichte setze ich gerne im Seminar ein, um den Teilnehmern und Teilnehmerinnen Mut zu machen, **ihren eigenen Weg** zu gehen. Merke:

> **Lehrer, Berater und Coaches können Tips geben, sie können ihr Wissen in mundgerechte Häppchen schneiden und gehirn-gerecht anbieten, aber letztlich kann niemand für Sie kauen, schlucken und verdauen.**

Sie können die Story wörtlich nehmen und ihr eine Bestätigung für Ihre Meditation „entnehmen“: Wenn Ihr Mantra nach einer Weile eine andere Silbe hervorhebt, dann ist das **Ihr Mantra** und Ihr Lebensweg und für Sie vollkommen ok. Deshalb kann der alte Derwisch mit seinem angeblich falschen Mantra auf dem Wasser gehen!

Aber Sie können die Story (wie jede Geschichte) natürlich auch metaphorisch interpretieren. Diese Art der Deutung kann immens spannend werden, insbesondere wenn man zu mehreren darüber spricht. Falls Sie in diese Art von Gesprächen „einsteigen“ wollen, und Ihre Gesprächspartner tun sich (anfänglich) noch schwer, mögliche Ideen zu erkennen, die diese Story transportieren könnte, dann helfen Sie Ihnen mit einigen Fragen auf die Sprünge, z.B. wie folgt:

## Mögliche Denk-Aufgaben:

1. Könnte das richtige/falsche Aussprechen des Mantras eine **Metapher** für Ihr Leben darstellen?
2. Wenn ja: Wofür?
3. Möchte sich in Ihrem Leben vielleicht derzeit jemand als „Diplom-Sufi“ aufspielen und Ihnen sagen, wo „der Frosch die Locken hat“?
4. Könnte es sein, daß Sie selbst derzeit die Rolle des „Diplom-Sufis“ einnehmen und andere nach Ihrem Willen formen möchten? (Bei dieser Frage kann es sehr hilfreich sein, die Familien-Mitglieder zu befragen, so manche/r „Diplom Sufi“ fällt dann aus allen Wolken.)

**Aber auch ohne andere können Sie einer Story viel entnehmen, wenn Sie immer wieder (jeweils einige Minuten genügen schon) darüber reflektieren.** (Z.B. indem Sie sich immer wieder von Neuem fragen, was das „Mantra“ in Ihrem Leben alles bedeuten **könnte...**

# Eine Buddhistische Story

Stories können wahr oder erfunden sein, das ändert ihre eventuelle Aussagekraft nicht. Die folgende Geschichte ist jedoch wahr.

## Ken WILBER und das TONGLEN

Ken WILBER gehört für mich zu den ganz großen (vielleicht auch alten) Seelen! Er legte nach nur 24 Jahren auf diesem Planeten sein erstes großes Werk *(Spektrum des Bewußtseins)* vor. Hierin kommentierte er die Bemühungen großer Denker in Ost und West (aus fünf Jahrtausenden!) und führte deren Kernaussagen zu einer ersten Synthese. Die meisten Menschen hätten mit 80 noch nicht so viele („schwere“, sprich: „tiefe“) Bücher gelesen, wie dieser damals 24jährige, geschweige denn, selbst ein so großartiges Buch geschrieben.

Dieser Ken WILBER berichtet in einem anderen (sehr privaten) Buch* über ein Erlebnis anläßlich eines buddhistischen *Retreats* (wörtlich: *Zurückziehung)*. Ein *Retreat* ist

---

* Quelle: Ken WILBER: *Mut und Gnade – In einer Krankheit zum Tode bewährt sich eine große Liebe.* (Es handelt sich um die Schilderung des Kennen- und Liebenlernens seiner Frau und ihrem Leiden bis zum Tod nur wenige Jahre später.)

ein Gruppen-Treffen, um Unterweisung und Meditationen zu erleben. Der Lehrer war in diesem Fall ein hoher tibetanischer Lehrmeister (namens Kalu Rinpoche). Hören wir Ken WILBER selbst*:

> Die Mahayana-Lehren (des Buddhismus) ... setzen sich die Erleuchtung aller Lebewesen zum Ziel. Sie sind deshalb zuerst und vor allem der Pfad des tätigen Mitgefühls oder Erbarmens, und sie haben Praktiken entwickelt, die in Herz und Geist das Gefühl des Erbarmens wecken.
>
> Bei der Meditation vergegenwärtigt man sich (möglichst bildhaft) einen Menschen, den man kennt und liebt und der schwer zu leiden hat – eine Krankheit, ein Verlust, Depression, Schmerz, Angst und Furcht.
>
> Die wichtigste dieser Praktiken ist das sog. *tonglen* (nehmen und aussenden). Voraussetzung für die Tonglen-Übung ist eine stabile Grundlage in *Vipassana*. Sie ist so wirksam und von solcher Verwandlungskraft, daß sie in Tibet bis in die neuere Zeit hinein weitgehend geheimgehalten wurde ...
>
> Stellen Sie sich beim Einatmen **das Leiden dieses Menschen** als schwarze, rauch- oder teerartige, dichte, schwere Wolke vor, die Sie durch die Nase einatmen und dann in Ihr Herz sinken lassen. Halten Sie dieses Leiden in Ihrem Herzen. Geben Sie beim Ausatmen all Ihren Frieden, Ihre Freiheit, Ihre Gesundheit, Ihre Güte und Ihre Stärken der

---

* Aus: Ken WILBER: *Mut und Gnade.* © 1992 alle deutschsprachigen Rechte by Scherz Verlag, Bern, München, Wien.

Atemluft mit, um sie diesem Menschen als heilendes und befreiendes Licht zu senden. Setzen Sie das etliche Atemzüge lang fort. Stellen Sie sich dann den Ort vor, an dem dieser Mensch lebt; nehmen Sie beim Einatmen **alles Leiden dieser Ortschaft** in sich auf, und senden sie den Menschen, die dort leben, beim Ausatmen all Ihre Gesundheit und Ihr Glück. Beziehen Sie dann nach und nach die **ganze Gegend**, das **Land** und schließlich die **Erde** und das **gesamte Universum** ein. Sie nehmen alles Leiden aller Wesen in sich auf und schicken dafür Gesundheit, Glück und Güte zurück.

Die Reaktionen der meisten Menschen, wenn sie davon zum erstenmal hören, sind stark, ursprünglich – und negativ. Bei mir war es so. Diesen schwarzen Teer in mich aufnehmen? Soll das ein Witz sein? ... Das ist doch der helle Wahnsinn!

Die Tonglen-Praxis sollte den Mittelteil des Retreats bilden, und als wir Kalu Rinpoches Belehrungen dazu erhielten, stand eine Frau auf und sprach die Frage aus, die praktisch alle der etwa hundert Anwesenden bewegte: „Aber was ist, wenn ich das bei jemandem mache, der wirklich krank ist, und dann selber langsam krank werde?" Rinpoche zögerte keinen Augenblick: „Sie sollten denken: ‚Oh, gut, es funktioniert!'"

Vielleicht möchten Sie kurz innehalten und Ihre ersten Reaktionen notieren, ehe Sie weiterlesen?

Ken WILBER fährt fort:

> Das traf ins Schwarze. Hundert „selbstlose Buddhisten“ mit weit heraushängendem Ego ertappt! Wir waren bereit zu üben, um unsere eigene Erleuchtung zu finden, um unser eigenes Leiden zu vermindern – aber das Leiden anderer auf uns zu nehmen, und sei es auch nur in der Imagination?

Dem fügt WILBER hinzu:

> Und genau das ist Tonglen: das Besorgtsein um das eigene Ich, das Hätscheln und Verteidigen des eigenen Ich zu untergraben. Tonglen setzt **das andere** an die Stelle des Ich und erschüttert damit den Subjekt/Objekt-Dualismus zutiefst.

Für westliche Menschen sind gerade solche Gedanken sehr schwierig, denn wir sind so sehr mit diesem Subjekt/Objekt-Dualismus „verheiratet“, sogar in unserer religiösen Beziehung. Nonnen werden mit Jesus „verlobt“, wir beten zu einer Wesenheit **außerhalb** von uns (Vater unser), während der Buddhismus von einer tiefen **inneren** Verbindung ausgeht, die durch das Prinzip des Tonglen „angesprochen“ werden kann. Gehen wir mit WILBER den nächsten Schritt:

> Es läßt uns die Ich/andere-Dualität genau an der Stelle zweifelhaft werden, wo wir am empfindlichsten und furchtsamsten sind: selber Schaden zu nehmen. Es geht hier nicht um wohlfeiles Mitgefühl für die Leiden anderer, sondern um die Bereitschaft, diese Leiden selbst auf uns zu nehmen, damit die anderen davon frei werden. **Das ist wirkliches Mitgefühl, Barmherzigkeit, der Pfad des Mahayana.**

Diese Art von Mitgefühl ist ein völlig anderes Konzept als unser „Mitleid“ (das oft ein überhebliches Gefühl gegenüber dem „Opfer“ kaschiert). Mit-Fühlen heißt in *Resonanz gehen, mitschwingen, dieselbe Stimmung erleben.* Mitgefühl fordert, sich voll auf diesen Menschen einzustimmen, und dazu sind die wenigsten wirklich bereit. WILBER:

> Etwas Merkwürdiges beginnt sich abzuzeichnen, wenn man einige Zeit Tonglen geübt hat. Zunächst einmal wird niemand wirklich krank. Vielmehr stellt man fest, daß man immer weniger zurückschreckt vor dem Leiden, sei es „eigenes“ oder „fremdes“. Man hört auf, den Schmerz zu fliehen und stellt dafür fest, daß man ihn **verwandeln** kann durch die **Bereitschaft**, ihn in sich **aufzunehmen** und dann **loszulassen**. Die

**eigentliche Verwandlung geschieht dann in einem selbst – einfach durch die Bereitschaft, die gewohnheitsmäßige und automatische Verteidigung des eigenen Ich abzubauen…**

Wenn Ihnen das zu weit geht, dann können Sie doch von dem Gedanken profitieren. Wenn ich mir eine Strecke von 2000 km vorstelle und mich dann entschließe, wenigstens 20 zu gehen, hat mir die „zu große“ Strecke auch geholfen, durch den Vergleich nämlich. Anderen machen solche Gedanken vielleicht Mut, schließlich heißt dieses Buch von WILBER ja auch *Mut und Gnade* (sehr lesenswert!).

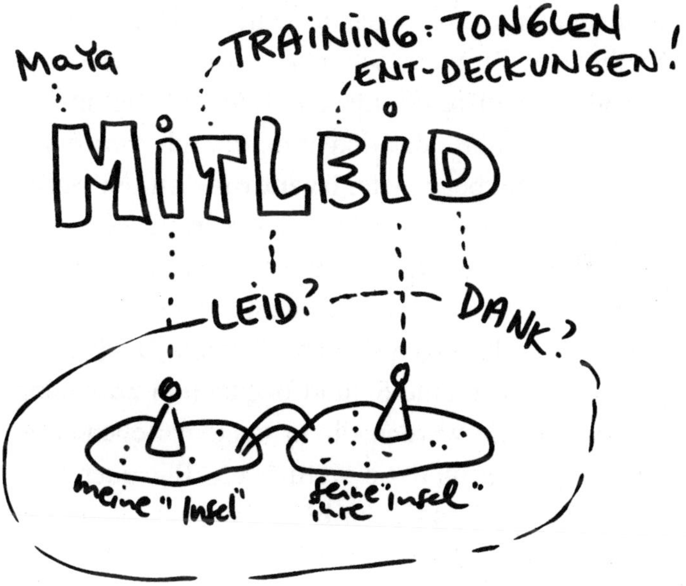

# Eine Super-Erfolgs-Strategie:

## Die FREUND-lichkeiten-Kette (the Kindness-Chain)

Kennen Sie die **Oprah-Show**? 1999 stellte Oprah in einer Sendung die sogenannte **KINDNESS-CHAIN** (Freundlichkeiten-Kette) vor. Aber ehe ich Ihnen dieses Konzept erkläre, möchte ich Ihnen zuerst etwas erzählen: Vor einigen Jahrzehnten half mir ein Mensch in Amerika unglaublich, weil er sich Zeit nahm und mir phänomenale Dinge sagte, nachdem ich ihm ein Problem schildern durfte. Dies erwies sich als so **hilfreich** für die Entwicklung meines Selbstwertgefühls, daß ich ihm, als ich ihm einige Wochen später begegnete, **irgendwie danken wollte**, weil er mir so eine große Erleichterung geschenkt hatte, aber da sagt er: „Schau, Vera, was ich dir gegeben habe, das kannst du mir nicht zurückgeben, weil ich davon schon genug habe. Vielen Dank. Aber wenn du meinst, eine Schuld **begleichen zu wollen**, dann wisse: Es werden dir in deinem Leben Menschen begegnen und sie werden um Rat oder Hilfe bitten. **Welcome to the club!**“

Dies war ein **Schlüsselerlebnis** für mich. Ich habe seither gemäß dieser Spielregel gelebt und ich habe die Begebenheit inzwischen Abertausenden meiner Seminarteilnehmer/innen erzählt, von denen mir viele später signalisierten, wie toll sie die Idee dieses Herzens-Clubs (wie einer es nannte) fanden.

**Aber die Idee aus der Oprah-Show geht einen großen Schritt weiter**, weil wir nicht warten müssen, bis jemand sich als Rat oder Hilfe **suchend** „offenbart". Nein, wir gehen aktiv auf die Suche, indem wir uns fragen:

> Wem könnte ich einen Gefallen erweisen, der diese Person **so sehr freuen wird**, daß **auch sie** einem anderen Mitmenschen gerne **eine Freude machen** möchte?

Denn es ist genau dieser Wunsch unseres „Spielpartners", der die **Ketten-Reaktion** auslösen wird. So wird der „Stab" in diesem **seelischen Staffellauf** weitergegeben. So werden alle Mitspieler **Mitglieder des Clubs**...

## Die SPIELREGEL

Das **Grundprinzip**: Sie erweisen anderen Menschen einen **Gefallen**, über den diese Menschen sich soooo freuen, daß sie sich bedanken möchten. Daher sind sie gerne bereit, einem **weiteren** Mitmenschen einen Gefallen erweisen, wobei auch jene Person ihrem „Wohltäter“ dadurch dankt, daß sie wiederum der nächsten Person in dieser „Kette“ **eine kleine Freude macht usw**. Wichtig ist, daß jede/r einzelne sich an die Spielregeln hält. In der Oprah-Show berichten Menschen regelmäßig begeistert davon, was sie anderen Positives „angetan“ haben und umgekehrt, was andere ihnen „angetan“ haben…

Nachem ich die Idee in einem meiner Beratungs-Briefe* geschildert hatte, erhielt ich von einem Abonennten folgenden Vorschlag:

> Man überreiche der Person, der man einen Gefallen erweisen möchte, einen Geschenk-Gutschein, auf welchem sie im unteren Abschnitt einträgt, mit welcher Strategie sie die nächste Person einbezogen hat. Diesen Abschnitt gibt sie uns später. Auf diese Weise fühlt sich die andere Person verpflichtet, ihr heute mit Freude gegebenes Versprechen mit Sicherheit einzuhalten (sie wird zu mehr Ehrlichkeit „gezwungen“)…

Zwar symbolisiert dieser untere Abschnitt eine **konkretere Verpflichtung**, aber ich halte es für gefährlich, davon auszugehen, er sei „notwendig“ (weil die Menschen so zu mehr Ehrlichkeit „gezwungen“ wer-

---

* Der Birkenbihl-Brief erscheint monatlich im Olzog-Verlag. Für Infos: Tel. 089/710466-65

den). **Merke**: Die **selbst-erfülllende Prophezeiung** besagt, daß wir immer genau das erleben, was wir **erwarten**. Deshalb fände ich es schöner, wenn wir im Zweifelsfall erwarten, daß unsere Mitspieler auch ohne den Abschnitt ehrlich sind.

Auf der anderen Seite **könnte für den Abschnitt sprechen**, daß man so im Lauf der Zeit und viele **Ideen**, welche Art von **Gefallen** Menschen anderen Menschen erweisen können, erhalten würde. Aber dazu brachen wir keinen „Abschnitt", es reicht die Idee, Anregungen sammeln zu wollen.

Es folgen einige Schilderungen unserer Leser/innen aus den Briefen der Folgemonate:

## Freundlichkeitenkette (Schilderung Nr. 1)

Aus: August 1999

**Teil 1 der Kette: Das Telefon des Schreibtischnachbarn...**
Ich habe einen Schreibtischnachbarn, der regelmäßig den Apparat eines Kollegen (aus dem Büro über uns) übernehmen muß, weil jener Herr ständig außer Haus ist. Dadurch kann mein Schreibtischnachbar an manchen Tagen mit seiner eigenen Arbeit überhaupt nicht weiterkommen und schimft dann den ganzen Nachmittag vor sich hin. Nun bot ich ihm im Rahmen der F-Ketten-Übung folgenden Handel an: Ich würde einen Monat lang jeweils für eine Stunde jenes Telefon des Herrn über uns für ihn abnehmen, wenn er dafür einer Person seiner Wahl irgend-

einen Gefallen erweisen würde. Er war erstens überrascht, zweitens hocherfreut und drittens natürlich einverstanden.

**Teil 2 der Kette: Der Hund der Nachbarin...**

Nun sind drei Wochen vergangen, er freut sich jedesmal riesig und heute hat er mir mitgeteilt, worin sein Anteil unserer F-Kette bestehen wird: Er hat eine Nachbarin, eine ältere Dame, der er öfter begegnet, wenn er abends joggen geht (eigentlich mehr Walken als Rennen). Diese Nachbarin klagte ihm neulich, daß Sie wegen ihrer Arthritis so langsam gehen muß, daß es für den Hund kein richtiger Spaziergang mehr ist. Daraufhin bot er ihr an, zweimal pro Woche den Hund (den er kennt und mag) mitzunehmen. Erstens geht er sowieso, zweitens hilft es ihm, bei der Stange zu bleiben und drittens hat er damit seinen Teil zur F-Kette beigetragen. Er erklärte der Dame das Konzepot der F-Kette und nun sind wir beide gespannt, wie es weitergehen wird.

**Teil 3 der Kette: Die Tochter der jungen Mutter...**

Dann hat auch die Seniorin sich überlegt, was sie tun könnte und nun weiß sie es: Im Haus schräg gegenüber wohnt eine junge Mutter mit einem 5-jährigen Töchterchen (man kennt sich vom Sehen und weil man sich im Supermarkt öfter begegnet ist). Nun hat die alte Dame der jungen Mutter angeboten, ihr die Kleine einmal pro Woche drei Stunden lang „abzunehmen", was diese junge Frau ungemein gefreut hat.

**Teil 4 der Kette: Pralinen-Kochkurs**

Inzwischen weiß ich, womit die junge Frau ihren Teil der F-Kette beisteuern wird: Sie kann nämlich Pralinen herstellen, und wird dies demnächst einigen Damen aus der Nachbarschaft beibringen, die es gerne lernen möchten. Die beiden wollten nämlich an einem VHS-Kurs teilnehmen,

**der jedoch schon ausgebucht war und hätten ca. drei Monate lang warten müssen. Bin ja gespannt, was ihr F-Ketten-Beitrag sein wird.**

**Inzwischen habe ich eine weitere F-Kette gestartet, indem auch ich einem älteren Ehepaar in meiner Nachbarschaft angeboten habe, ihren Hund ab und zu so richtig spazieren zu führen (damit er ab und zu so richtigen Auslauf – mit Betonung auf LAUFEN) hat! Es macht echt Spaß! Danke für die Idee.**

Unser Dank geht an Oprah Winfrey, die diese Idee in ihrer Show vorstellte!

## F-Ketten-Fallbeispiel einer Seminar-Teilnehmerin

Viele von Ihnen baten um **Fallbeispiele**, weil diese in Ihnen Assoziationen auslösen und so Ideen kreieren, die über die Freundschaftsketten-Anregung hinaus gehen. Wenn Sie z.B. in einem Fallbeispiel lesen, jemand hätte einer Person einen Text **vorgelesen**, dann erinnert Sie das vielleicht daran, **daß Sie dies früher** (in Partnerschaft, Familie, Freundeskreis) **ebenfalls** öfter getan hatten. Vielleicht wollen Sie die alte Gewohnheit ja wieder aufleben lassen?

**Teil 1: Rohkost für den Junggesellen.**

**Der Kollege meinte: einerseits würde er gerne mal einige Tage lang versuchen, seinen Appetit auf Schokoriegel mit Rohkost „auszutricksel",**

andererseits müßte er einen Umweg machen, um einen Lebensmittelladen aufzusuchen, der ein gewisses Sortiment für solche Sachen hätte und ehe er wüßte, ob es ihm wirklich hilft, Selleriestangen u.ä. zu knabbern... Da meldete sich unsere Leserin zu Wort und bot ihm an, ihn eine Woche lang mit Rohkost zu versorgen, damit er zuerst einmal die Erfahrung machen könnte. Er fand das prima und willigte ein, ebenfalls jemandem einen Gefallen zu erweisen.

**Teil 2: Der Junggeselle als Vorleser**

Einige Tage später bot sich eine Chance, als er hörte, daß die Oma einer Bekannten derzeit fast blind sei, jedoch noch einige Wochen warten müsse, bis eine Operation ihr die Sehfähigkeit zurückgeben würde. Die Bekannte meinte, die Oma sei eine Leseratte und klage vor allem, daß sie in zwei Büchern nicht weiterkäme. Auf die Frage, ob die Bekannte der Oma mit **Vorlesen** nicht helfen könnte, erfuhr er, daß sie die nächsten zwei Monate auf einem Film-Dreh im Ausland wäre und gerade jetzt der Oma nicht helfen könne. Daraufhin bot er sich an. Nun liest er der alten Dame zweimal pro Woche vor, wobei das eine Buch ein archäologischer Bericht ist. Mit so etwas hatte er sich noch nie befaßt, er findet es überraschenderweise spannend! (Auch dies kann passieren, daß Sie durch Ihre Hilfsbereitschaft neue Interessen entdecken – jetzt sind Sie gewarnt...). So gesehen meint er, er profitiere mindestens so viel wie die Oma selbst. Deshalb wolle er die Kette fortführen statt die alte Dame zu bitten, ihren Teil beizutragen.

**Kommentar:** Es ist natürlich immer möglich, einen weiteren Ketten-Beitrag selbst zu übernehmen, **damit die Kette nicht abreißt**, wenn wir jemanden erfreuen wollen, den wir aus irgendeinem Grund nicht um seinen Beitrag bitten können oder wollen.

> **Teil 3: Der Junggeselle als Nikolaus...**
> Kurz darauf (am 4. Dezember) hörte er von einem Bekannten, der vorgesehe Nikolaus sei krank geworden. Nun seien bestimmte Details bereits mit ihm abgeklärt gewesen, die dieser Bekannte keiner „wildfremden" Nikolaus-Agentur erzählen wollte, während seine Freunde (denen er diese Dinge durchaus erzählen würde), natürlich vom Kind erkannt werden würden... Unser junger Mann bot sich an. Er war dem jungen Vater bekannt genug, daß dieser ihm vertrauensvoll sagen konnte, was er (als Nikolaus) über seinen Sohn wissen sollte, aber er war fremd genug, daß die Gefahr (Sohn erkent Nikolaus) gebannt war. Auch dieser junge Vater fand die **Idee der Freundlichkeiten-Kette absolut super.**
>
> **Teil 4: Der junge Vater...**
> Hier endet die Schilderung, weil meine Teilnehmerin am Seminartag noch nicht wußte, welche Idee der junge Vater haben würde...

Ich finde solche Schilderungen wunderbar. **Danke an alle, die mit dazu beigetragen haben, daß dieses Kapitel durch Ihre Inputs be-REICH-ert wurde.**

bitte umblättern

## P.S. Der Freundlichkeiten-Kreis!

Ein Ehepaar erzählte von folgender Kette, die mir sehr gut gefällt:

> Wir wollten eine kontinuierliche Kette aufbauen, die sich nicht irgendwo in der Ferne „verliert", sondern die immer aktiv bleibt. Also eigentlich ein Freundlichkeiten-Kreis. Also haben wir bei einem Sommergrillfest mit unseren Freunden und Nachbarn ausgemacht: Jeder wird den Namen **einer** Person in der Gruppe ziehen (Losverfahren) und dann mit **dieser** Person ausmachen, welchen Gefallen er/sie dieser Person regulär (z.B. einmal im Monat) erweisen kann. Zum Beispiel: Kinder hüten, mit dem Hund einen langen Spaziergang machen, die Monatsvorräte an schweren Sachen einkaufen usw.
>
> Dies bedeutete übrigens auch, daß sich alle bereits im ersten Teil des Festes **intensivst** miteinander unterhielten und sich z.T. viel näher kennenlernten als in Jahren zuvor – das war ein **Nebeneffekt**, mit dem wir überhaupt nicht gerechnet hatten. Später saßen wir in netter Runde zusammen und berichteten, wer wem welchen Gefallen erweisen würde. Mein Sohn machte Notizen (mit seinem Laptop) und schon eine halbe Stunde später brachte er uns ein „Gesprächs-Protokoll" (das lernt er gerade in der Berusschule), frisch aus dem Drucker. Das fanden wir alle so toll, daß jeder eines wollte. So ging an jenem Abend jeder mit diesem Blatt Papier nachhause.
>
> Unseres hängt am Küchenkasten, wo wir es immer im Blickfeld haben und: Immer, wenn eine leichte Depression an mir zu nagen beginnt (z.B. bei Föhnwetter), dann lese ich die Liste und mache mir klar, wie toll es

> **doch ist, Freunde zu haben, die (nun seit Monaten) am Ball bleiben und diese Freundes-Kette bilden. Die Anregung kam von Ihnen, liebe Frau Birkenbihl, die Variation ist unsere und das ganze ist einfach super.**

Nun, genaugenommen hatte ich die Anregung ja aus der OPRAH Show übernommen und sie Ihnen „nur" weitergegeben. Ich muß sagen, daß ich die Idee dieses Freundes- und Freundlichkeiten-Kreises **phänomenal** finde. **Danke** für die tolle Anregung!

# Anhang I: Merkblätter

## Merkblatt Nr. 1: Nomen est omen

Normalerweise ist uns nicht klar, daß die Etiketten, die wir der Welt und ihren Bewohnern aufkleben, unsere Fähigkeit das so Benannte *wahrzunehmen*, maßgeblich prägen. Sie haben sicher nichts dagegen, sich mit einem *Mitmenschen* zu unterhalten. Sie gehen sicher gerne mit einem Kollegen zum Essen oder mit einem *Partner* oder *Freund* zu einer Party. Aber würden Sie gerne mit einem *Terroristen* gesehen werden? Das sind doch ... Sie merken, was passiert: Das Etikett bewirkt, daß unsere Wahrnehmung zur Tunnel-Vision wird; jetzt können wir nur noch wahrnehmen, was zu diesem speziellen Realitäts-Tunnel gehört. Also sind *Terroristen, Kriminelle, Fixer, Spione* etc. Leute, die man lieber meidet. Vielleicht erinnern Sie sich noch an die große Debatte in den achziger Jahren, ob man mit Terroristen *sympathisieren* dürfe, und ob es strafbar wäre, mit solchen Typen auch nur Kontakt herzustellen (was manche Politiker wollten)? Falls Sie damals Gelegenheit hatten, Kneipengespräche zu diesem Thema mitzuverfolgen, da konnte man erschrecken. Und wenn man die Stammtisch-Parolen (z.B. betreff Ausländer) heute hört, dann könnte man sich endlich einmal bewußt mit den Sprachmechanismen hinter dem Haß befassen...

# MERKBLATT Nr. 2
## Gedächtnis muß autobiografisch sein

In *Searching for memory – the brain, the mind and the past (dt. Wir sind Erinnerung)* weist Daniel L. SCHACTER darauf hin, daß bereits 1890 der große amerikanische Harvard-Psychologe William JAMES (in: The Principles of Psychology) gesagt hatte:

> Gedächtnis fordert mehr als das einfache Datieren eines Faktums in der Vergangenheit. Mit anderen Worten: Ich muß denken, ich hätte die Sache tatsächlich **erlebt**. Persönliche Erlebnisse besitzen eine bestimmte Qualität, Wärme und Intimität. Diese weisen sie als eine **Eigenschaft meines Selbst** aus.

Aber ehe ein Faktum in unserem Gedächntnis „landen" kann, müssen wir es begreifen, denn, was wir nicht verstehen, können wir nicht im Gedächtnis integrieren (vgl. klassische Lern-Situationenen von Schule über Weiterbildung jeder Art). Nun hat es mit dem Begreifen eine Bewandtnis, die große Pädagogen immer schon vermuteten, aber erst die neuere Gehirn- und Gedächtnisforschung gibt ihnen Recht:

Wann immer wir etwas Neues „kapieren" (von „caput = Kopf" abgeleitet!) speichern wir immer auch uns selbst (Ort und Situation des Lernens) mit ein. Bei späterem Abruf werden wir uns demzufolge auch **zuerst** an **unse-**

**re eigene autobiographische Leistung (das Aha-Erlebnis!!)** erinnern. **Dieses Erinnerungs-Modul** wirkt wie ein Magnet und zieht die neue Info magisch an, so daß diese **einen Moment später** ebenfalls in unserem Gedächtnis auftaucht! Diese Abfolge verläuft in der Regel **dermaßen schnell** (400 – 2000 mal schneller als wir bewußt denken können!), daß wir diese **beiden** Schritte **nicht** voneinander unterscheiden können, wir be-MERK-en lediglich, daß wir uns die Sache **merken** konnten. Erst nachdem wir sie mehrere weitere Male RE-KONSTRUIEREN, scheint sie langsam ein Eigenleben zu führen und uns **unabhängig** von unserer autobiographischen Episode zur Verfügung zu stehen, „als wäre sie ein Teil von uns" (was dann ja auch stimmt; sie wurde Teil unseres Denkens). Ab jetzt kann sie assoziativ „auftauchen", wann immer eine Wahrnehmung oder ein anderer Gedanke sie „assoziativ anreißen".

## WISSENSCHAFTLER UNTERSCHEIDEN 3 ARTEN VON GEDÄCHTNIS.

In meinen MEMORY-Kassetten-Kurs (der im Sommer 2001 zeitgleich in USA und Deutschland erscheint) stelle ich erstmals meine neue Metapher einer MEMORY-Pyramide vor, um die Ergebnisse der neuesten Forschung zu illustrieren: Erstens weil die Arten von Gedächtnis eine hierarchische Ordnung repräsentieren und zweitens, weil die oberen Teile der Pyramide auf der Mitte ruhen und diese wiederum auf der Basis. Damit stellt die Pyramiden-Metapher klar, daß oben zwar „höher", nicht aber besser (im Sinne einer moralischen Wertung) ist.

Unten, in der Basis, befinden sich unsere autobiographischen Erinnerungen, unsere Erlebnisse, unsere persönlichen Episoden - also unsere STORIES! Diese formen, was wir als „Ich" oder „Persönlichkeit" bezeichnen, sie schaffen unser „Selbst". Deshalb ist der deutsche Titel von SCHACTERs brillantem Buch *(Wir sind Erinnerung)* ein seltenes Beispiel für einen Buchtitel, dessen Übersetzung das Original übertrifft; oft es ist umgekehrt (vgl. Fußnote S. 18)

Also beginnt die Pyramide durch persönliche STORIES zu wachsen, aber später geschieht etwas Faszinierendes: Erinnern Sie sich an die erste Party Ihres Lebens? Erinnern Sie sich an irgendeine spezifische Party? Es ist egal! Wenn Sie irgendwann auf irgendwelchen Parties gewesen sind, dann abstrahiert das Gehirn die gemeinsamen Nenner aller Party-Erlebnisse und „bastelt" ein **Party-Memory-Modul**, welches die **Quintessenz** aller von Ihnen erlebten Parties einhaltet. (Auf einer noch höheren Ebene entstehen **abstrake Ideen über die**

**Welt**, die wir in diesem Buch aber „außen vor lassen" werden.)

Beim Kreieren dieses **Allgemeinwissens** („general knowledge" nach SCHACTER) berücksichtigt Ihr geniales Gehirn auch Parties, die Sie als „Virtual Reality" (VR) erlebt haben: von Szenen eines Romans über TV- oder Film- und Theaterszenen bis hin zu Rollenspielen, oder als Erzählungen Ihrer Mitmenschen, die Sie hören oder lesen. Deshalb gilt:

**Was immer eine Story Ihnen anbietet, wird von Ihrem Gehirn in das GENERAL-WISSEN (Mitte der Pyramide) inte-**

**griert, unabhängig von Ihren persönlichen Erfahrungen, auch wenn diese abweichen.**

Hierin liegt die große Chance für uns Menschen, eine Chance, die unseres Wissens kein (anderes) Tier hat:

**Wir können durch (Worte und) STORIES lernen!**

Ein Fallbeispiel, eine Fallstudie, ein Erlebnis eines Mitmenschen, eine Filmszene – sie alle können unser WISSEN über das betreffende Thema verändern! Aber das Wesentliche bleiben die Stories, denn: Wenn Menschen Ihr Gedächtnis verlieren (Unfall, Wunde, Tumor oder im Alter), gilt:

Jemand kann eine Menge Allgemeinwissen über die Welt besitzen, aber wenn er nicht mehr weiß, wer er ist, dann nützt es herzlich wenig. Mit den persönlichen Erinnerungen geht die Persönlichkeit verloren. Deshalb bestimmt die Menge an persönlhichen Stories, ob wir ein **reiches Leben** führen. Sie stellen quasi unser „Fort Knox" dar. Das im Laufe unseres (reichen?) Lebens angesammelte **Gold** ist unser **Schild gegen Alzheimer (und Altersheimer jeder Art!)**. Studien haben ganz klar gezeigt, daß hier eine intensive Ver-BIND-ung besteht*. Es leuchtet auch schnell ein:

---

* Z.B. SNOWDONs berühmte Nonnen-Studie, unter **www.coa.uky.edu\nunnet** im Internet zu finden

Ist Ihr Fort Knox voller autobiografischer STORIES, dann können Sie als Gehirn-Besitzer täglich einige „Goldkörnchen“ verlieren und Sie werden dies jahrlang nicht (oder kaum) merken. Ist Ihr Fort Knox hingegen relativ leer, dann wird ein (täglicher) Verlust (z.B. im Alter) sehr schnell dramatische Folgen haben. Alles klar? Die Regel lautet: Wenn Sie merken, daß Sie mehr gebraucht hätten, dann ist es bereits zu spät... Deshalb: kultivieren Sie Stories über Ihr persönliches Leben (vgl. meinen MEMORY-Kassetten-Kurs).

# Merkblatt* Nr. 3 für Leute, die gern etwas weiter denken wollen

**Wörter sind Bausteine (von Stories) …**

Bitte legen Sie unbedingt Schreibzeug griffbereit, denn spätere Aufgaben werden sich auf Ergebnisse von früheren beziehen (ich will nicht vorgreifen, aber es lohnt sich, sich Notizen zu machen).

Beginnen wir mit einer kleinen Denksport-Aufgabe:

Angenommen, Sie wollten die Buchstaben dieses Alphabetes (unten) in logische Kategorien einsortieren, wie sähen Ihre Entscheidungs-Kriterien aus?

**A, b, C, d, e, F, G, h, i, J, K, l, m, N, o, P, Q, r, s, T, u, v, w, X, y, Z**

Beispiele:

1. Groß- bzw. Kleinschreibung (A, ~~b~~, C, ~~d~~, ~~e~~, F, G, ~~h~~, ~~i~~, J, K, ~~l~~, ~~m~~, N, ~~o~~, P, Q, ~~r~~, ~~s~~, T, ~~u~~, ~~v~~, ~~w~~, X, ~~y~~, Z)
2. Vokale kontra Konsonanten (<u>A</u>, b, C, d, <u>e</u>, F, G, h, <u>i</u>, J, K, l, m, N, <u>o</u>, P, Q, r, s, T, <u>u</u>, v, w, X, y, Z.)

* Dieses MERKBLATT ist eine Seminar-Unterlage, © 1998, 2000.

Nun folgt eine Variante in Anlehnung an eine ähnliche Kategorisierungs-Aufgabe von Andrew GOATLY*:

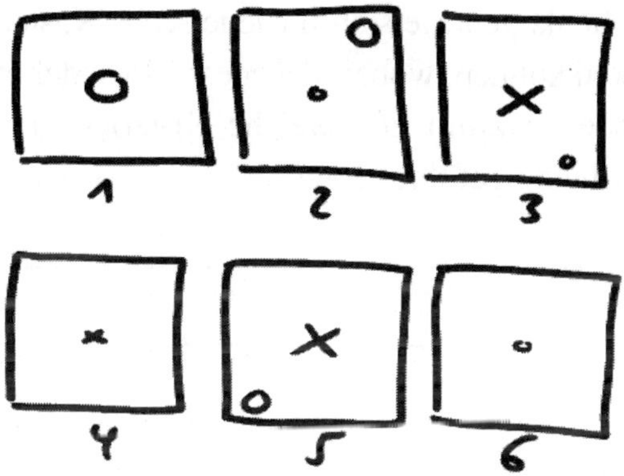


## Aufgabe 1:

Sortieren Sie diese sechs Mini-Bilder in verschiedene Kategorien (Bitte unbedingt Notizen machen!). **Bitte begründen Sie exakt, welche Kriterien zu welcher Zuordnung geführt haben.**

* Grundlage ist meine Variante einer Übung aus dem brillanten Fachbuch *(The Language of Metaphors)*. GOATLYs Buch ist eine großartige Quelle für alle, die wirklich TIEF forschen wollen und die sich von „trockener" Fachsprache nicht abschrecken lassen.

## Aufgabe 2:

Nun prüfen Sie, wie viele **weitere** Kategorisierungs-Möglichkeiten Sie sich für jene sechs Kästchen ausdenken können, wobei Sie jedesmal wieder exakt begründen, warum und welche Kriterien zu welcher Zuordnung geführt haben.

___

___

___

## Aufgabe 3:

a) Wie viele verschiedene Kategorisierungs-Möglichkeiten sind Ihnen eingefallen?

Ihr Ergebnis ..........

b) Sprechen Sie mit anderen Menschen, und „poolen" Sie anschließend Ihre Ideen. Wie viele Möglichkeiten sind es inzwischen geworden?

Ihr Ergebnis ..........

c) Jetzt wird es spannend: Wie viele Ihrer Möglichkeiten haben die sechs Kästchen genau in **zwei Kategorien à jeweils drei Kästchen** eingeteilt?

Ihr Ergebnis ..........

## Aufgabe 4:

Fallen Ihnen zu der letztgenannten Zielstellung noch weitere Möglichkeiten ein, wenn Sie noch einmal nachdenken?

Ergebnisse wieder aufschreiben.

Wenn Sie mitgedacht und mitgespielt haben, dann sind Sie jetzt offen für **einen der wesentlichsten Gedanken über die Art, wie wir die Welt denkend erfassen** Wir finden ihn bei Andrew GOATLY. Er ist bahnbrechend. Übrigens wird Ihnen das Nachfolgende viel mehr bedeuten, wenn Sie **wirklich** zuerst nachgedacht und sich (zumindest kurz) an den Aufgaben versucht haben. Es geht nicht darum, wie „gut" Ihre Ergebnisse sind, sondern darum, daß Sie ganz bewußt „in Kategorien" zu denken versucht haben, ehe Sie weiterlesen. Sie wissen, es gibt nur ein einziges erstes Mal, einen Text (wie diesen) zu lesen.

Letzte Chance, die Aufgaben zu lösen, **ehe** Sie weiterlesen.

**Jede Klassifizierung irgendeiner Art bewirkt zwei gegensätzliche Dinge gleichzeitig:**

1. Sie betont einige Aspekte der Sache, die klassifiziert wird, bewußt: **HERVORHEBUNG**.
2. Sie läßt andere Elemente (unter den Tisch) fallen; dies entspricht quasi einer **UNTERSCHLAGUNG**.

Wenn Sie die Kästchen bei der ersten Aufgabe z.B. danach sortiert haben, **wie viele Elemente** das Kästchen enthält, dann mußten die Nummern 1, 4 und 6 in die Ein-Element-Kategorie fallen, 2, 3 und 5 hingegen in die Zwei-Element-Kategorie. Haben Sie hingegen darauf geachtet, ob die „o“ und „x“ **groß oder klein** waren, dann haben Sie eine andere Kategorie benutzt. Oder war Ihr Kriterium, ob **in der Mitte** ein „x“ oder ein „o“ sitzt, dann müssen Sie die Nummern 1, 2 und 6 sowie die Nummern 3, 4 und 5 zusammenpacken.

Bei der Kästchen-Aufgabe sehen wir das Prinzip ganz klar, aber wir begreifen noch nicht unbedingt, wie bahnbrechend diese Idee ist. Dies wird hingegen schnell klar, wenn GOATLY den „simplen“ Gedanken mit folgender Idee verbindet:

> Jede Schilderung von Wirklichkeit (bedeutet): Immer müssen wir einige Aspekte weglassen, weil wir andere hervorheben. **Dadurch aber zeichnen wir jeweils ein völlig anderes Bild**.

In meinem Spezial-Seminar *(Sprache als Instrument des Denkens)* setze ich manchmal einen speziellen Text ein (in dem ein Mann beschrieben wird). Die Teilnehmer/innen notieren nach dem Lesen a) ihre ersten Assoziationen und b) eine kurze Beurteilung dieser Person. Es ist derselbe Text für alle Teilnehmer, aber es gibt genaugenommen vier **minimal voneinander abweichende Varianten:** In jeder wird für die Beschreibung des Mannes in der Mini-Story ein anderes Wort verwendet:

1. **Penner**
2. **Familienvater**
3. **Drogendealer**
4. **Künstler**

Die Assoziationen der Teilnehmer ähneln sich bezüglich derselben Variante sehr. Aber – Sie ahnen es: Die Beurteilungen der Gruppen 1 bis 4 unterscheiden sich dramatisch voneinander. Der *Penner* wird als „mild unsympatisch" gesehen, wohingegen der *Drogendealer* als „Schwein", der *Familienvater* als „gut" eingestuft werden...

**Selber experimentieren überzeugt...**

Vielleicht möchten Sie das Experiment wiederholen? Wählen Sie einen kurzen Text über jemanden (z.B. das Kurz-Portrait eines Prominenten in einer TV-Zeitschrift). Geben Sie diesen Text in einen Computer ein, und schon können Sie verschiedene Versionen anfertigen, indem Sie jeweils **nur ein Wort austauschen**. Diese Versionen drucken Sie aus und tragen sie in der Brieftasche herum. Wann immer sich eine Gelegenheit ergibt, bitten Sie eine/n Ihrer Gesprächspartner/innen um a) erste Assoziationen und b) um eine **schnelle spontane Beurteilung** der beschriebenen Person.

Sie werden immer wieder erleben: Wenn ich jemanden als *Penner* bezeichne (bzw. wird jemand mir als *Penner* „vorgestellt“) und ich hinterfrage dieses Etikett nicht, dann werden völlig andere Aspekte der Wirklichkeit AUSGEBLENDET, IGNORIERT (ja sogar GELEUGNET), als wenn ich über einen Familienvater nachdenke. Das passiert **jedem**, aber es ist uns (meint GOATLY), normalerweise **nicht bewußt**. Was auf der *Ebene der Wörter* und Metaphern gilt, muß auf komplexere Art auch für **STORIES** gelten:

> **Jede Story betont manche Aspekte der Wirklichkeit und unterdrückt andere. Alle diese Aspekte sind gleichermaßen legitim, die Frage ist nur, was wir derzeit erreichen wollen.**

Mit *erreichen* meine ich zweierlei: Erstens, wenn wir bewußt eine Story einsetzen, um einen „Punkt zu machen“. Zweitens können wir Stories ja bewußt „für uns“ selbst einsetzen, z.B., um etwas zu lernen. Damit meine ich nicht nur Sach- und Lehrgeschichten, sondern: Wir lernen auch zwischen den Zeilen enorm viel (vgl. EXFORMATION im Modul *Information, Exformation?*, S. 44ff.), deshalb verschaffen uns z.B. Romane geistigen und emotionalen „Zutritt" in Bereiche, die uns vorher fremd waren: andere Länder, andere Epochen, Berufe etc. Ein gut recherchierter Roman (wie *Airport* von Alex HAILEY) erzählt nicht nur ca. 15 Parallel-Stories, sondern er zeigt uns auch, was hinter den Kulissen eines gigantischen internationalen Flugplatzes geschieht. Wir werden quasi „eingeweiht" und für den Rest unseres Lebens Flughäfen und Flugerlebnisse anders sehen.

Und genau darum geht es uns in diesem Zusammenhang: So wie eine Metapher nach Neil POSTMAN (vgl. S. 26f.) **weder** Redeschmuck **noch** eine Zierde ist, sondern ein **Wahrnehmungs-Organ**, so ist auch jede Story eines. **Durch Stories sehen wir die Welt!** Somit „machen" die Stories, die wir kennen, eine andere „Welt" als andere Stories. Wer in einem Umfeld voller Haß-Geschichten auf bestimmte Bürger seines Landes aufgewachsen ist, wird diese Menschen durch andere (Story-) Filter sehen als jemand, der mehr Freude-Stories kennt. Aber wer um die Macht von Stories weiß, ist nicht mehr hilfloses Opfer: Wir können Geschichten bewußt auswählen, mit denen wir uns umgeben wollen. Ein weit unterschätzter Einsatz von Stories ist die Zielstellung, uns emotional zu verbessern*: Nun wählen wir natürlich Geschichten, die **das Positive hervorheben**.

Selbst wenn wir genau wissen, daß eine solche Story Negatives herausfiltert, helfen positive Stories uns (immer und immer wieder). Sie können auch ein wunderbares **Gegenmittel** zum Alltag sein (z.B. zu einer halbstündigen Nachrichten-Sendung voller negativer **Stories**). Wenn wir uns inspirierenden Gedanken aussetzen, weil wir emotional das eine HERAUSHEBEN und das andere WEGLASSEN wollen, dann können wir unsere Stimmungen dramatisch verbessern. (Vgl. auch mein neues Taschenbuch: *Humor – an Ihrem Lachen soll man Sie erkennen*)

* vgl. emotional Heimat, S. 88

# Merkblatt Nr. 4: MEMe

## Viren des Geistes*

Die **Memetik** wurde erst 1976 „geboren“ und wir wissen ja, daß ein neues Forschungsgebiet sich in der Regel einige Jahrzehnte entwickelt, ehe die Welt „außerhalb des Elfenbeinturms“ etwas davon erfährt. Die Grund-Einheit der **Memetik** ist das **Mem**.

Ausgangsbasis war die Frage, ob es neben der biologischen (GENETISCHEN) Vererbung auch eine KULTURELLE Vererbung geben könnte? Kann man annehmen, daß **Ideen**, die von einer Generation zur nächsten weitergegeben werden, sich **ähnlich wie Gene verhalten? Gene werden VERTIKAL von einer Generation an die nächste weitergegeben, Gedanken (Ideen) aber können HORIZONTAL von einem Menschen zum nächsten Menschen in derselben Generation „vererbt“ werden.**

Der Begriff *Mem* wurde von Richard DAWKINS geprägt. Seine Definition beschreibt das ***Mem*** als ***Einheit kultureller Transmission***. Beispiel: Angenommen Sie hören einen ***guten Witz***, den Sie möglichst vielen Men-

* vgl. auch mein gleichnamiges Video

schen weitererzählen möchten. Geht es diesen wiederum ähnlich, dann erinnert die Verbreitung dieser Story schon bald an das Wachstum einer Feuersbrunst *(eine Idee verbreitet sich wie ein Lauffeuer)* oder aber eine Epidemie *(Viren des Geistes)*... Je neuer ein Mem ist, desto mehr **Widerstand** erfährt es, weil die meisten Menschen sich lieber auf Bekanntes, Vertrautes zurückziehen als sich mit Neuem zu befassen.

Anhand der folgenden **Checkliste** können wir entscheiden, ob ein spezifisches Mem eher „gut" oder „schlecht" **für uns** ist.

## CHECKLISTE

Wann immer Sie sich fragen, ob Sie Gefahr laufen, zum Fanatiker werden, gehen Sie folgende Checkliste durch. Ist dieses MEM ein **Gedanken-Virus (im negativen Sinn)?**

- ❑ Halte ich meinen Glauben für ***gut, richtig*** und ***wahr***?
- ❑ Halte ich meinen Glauben für eine **Tugend**?
- ❑ Ist das zentrale Thema meines Glaubens **tabu**?
- ❑ Bin ich Argumenten gegenüber **intolerant** und **stur**?

**Einmal** „JA" (bei Frage Nr.1) ist zu erwarten! Deshalb gehen Sie die CHECK-liste ja jetzt durch. Aber jedes weitere „JA" könnte Sie nachdenklich stimmen. Müssen Sie noch zwei oder gar drei Mal „JA" sagen, besteht **akute Virus-Gefahr!**

Allgemein jedoch gilt: Sagen wir, z.B. die Idee des Faschismus (Kommunismus, Kapitalismus usw.) sei ein **böses** (falsches, schlechtes) **Mem**, die Idee der Demokratie jedoch ein **„gutes"**, dann fällen wir ein **Werturteil**. Sagen wir, wir fänden **In-Line-Skating** ok, *solange* In-Line-Skater nicht in Rudeln mit hohem Tempo über die Gehsteige rasen und junge Mütter, Kleinkinder oder Senioren gefährden – dann ist auch dies ein Werturteil. Dasselbe gilt für **jede Meinung**, die Ihnen lieb und wert ist! Es sind immer Werturteile, wobei die Werte, die **hinter** Ihren Be- oder Verurteilungen stehen, ebenfalls Meme sind...

Beispiel: Wann haben Sie zuletzt darüber reflektiert, ob es „moralisch" vertretbar sein soll, wenn Prostituierte ihr Gewerbe als ein solches betrachten dürfen (es geht um Krankenkassen, Versicherungen, Steuerbeiträge)? **Falls** Sie dieser Gedanke entrüstet, weil Sie es für **tugendhaft** halten, abertausende von Betroffenen **nicht** ins soziale Netz einzubinden, dann könnten Sie überlegen:

1. Wann wurden Sie mit Ihrem Anti-Prostitutions-Mem „infiziert", welches Sie **zwingt**, diese Personen abzulehnen (auszugrenzen, zu verurteilen)? Wahrscheinlich so früh im Leben, daß Sie dieses Mem für „naturgegeben" halten, aber das ist es nicht!

2. Früher haben (nicht nur in Europa) **Priesterinnen** im Tempel diese Tätigkeit verrichtet; damals „grassierte" nämlich das alte Mem von der „Anständigkeit" dieser Arbeit, deshalb wurden die Damen auch „anständig" ausgebildet. Sie wußten mehr über Körper und Sinne als viele Ärzte heute, denn sie waren meist auch Heilerinnen (z.B. in den griechischen Tempeln des Hippokrates, dessen Eid die Mediziner heute noch ablegen).

3. Auch in **anderen Kulturen** wurden die Ausübenden jenes Gewerbes jahrtausendelang professionell zu großen Künstlerinnen ihres Fachs ausgebildet und **hoch verehrt** (Indien, China, Japan). Erst mit der judäisch-christlichen Tradition (die später auch den Islam „angesteckt" hat) entstand die brutale Verurteilung sinnlicher Freuden.

4. Falls Ihnen meine Argumente „unmoralisch" erscheinen, bedenken Sie bitte, daß auch die **Forderung** nach (dieser Art von) **Moral** ein **Mem** ist! Denn *Moral* meint immer die **gel-**

**tenden moralischen Forderungen, d.h. einen bestimmten Mem-Pool einer bestimmten (Sub-)Kultur.**

Im allgemeinen können wir sagen. Wenn Sie und ein Mitmensch eine Meinung teilen (d.h. erfolgreich **vom selben Mem angesteckt wurden**), dann neigen Sie dazu, diesen Standpunkt (d.h. Ihr **gemeinsames Mem**) für ***gut, richtig, vernünftig*** und ähnlich zu halten; andernfalls sieht ein Mitmensch, der dieses Mem nicht „trägt", die Sache natürlich *falsch, zu eng, aus der falschen Perspektive* usw. Merke:

**Immer, wenn wir glauben, wir hätten den einzigen wahren Glauben gepachtet, wird die Sache dramatisch, denn jetzt können wir (fast) nur noch mit Gleichgesinnten sprechen.**

Eine weitere wichtige Frage, die wir uns stellen sollten lautet: Ist das zentrale Thema des Glaubens **tabu**, dann werden **sämtliche** (interessierte und aktiv mitdenkende) **Fragen** derer, die man missionieren will, **sofort abgeblockt** und mit einem „Das weiß man doch", „Das ist halt so", „Das mußt du halt glauben!" oder ähnlich abgeschmettert. Der Grad der **Intoleranz und Sturheit** ist ein guter **Gradmesser** für einen (Gedanken-)**Viralen Infekt**: **Gedanken-Viren** ver-ENG-en das Denken! Wir möchten vielleicht immer wieder daran denken, was diese Art der „Missionierung" in der Welt angerichtet hat:

jemand, der glaubt, den wahren Glauben, die wahre Lehre, die richtigen Antworten „gepachtet“ zu haben, der …

- **zerstört willentlich fremde Kulturen,** weil er seine für besser hält.
- **kennt nur seine Überzeugung** (eigene Meme), weil er als Besitzer der „reinen Lehre“ (höchsten Wahrheit, absoluten Wissenschaftlichkeit usw.) nicht weiter sucht
- **verurteilt alle, die seine Meme nicht teilen** und nennt sie *kriminell, unwissenschaftlich,* oder *krank;* auf alle Fälle sollten Träger anderer Meme aus der Gesellschaft ausgestoßen (oder eingesperrt) werden, oder?!
- **wird der Welt sogar Meme von Freiheit und Menschenwürde aufzwingen** (notfalls auch per Krieg!).

**Nochmal die CHECKLISTE zum Fotokopieren:**

Wann immer Sie sich fragen, ob Sie Gefahr laufen, zum Fanatiker werden, gehen Sie folgende Checkliste durch. Ist dieses MEM ein **Gedanken-Virus (im negativen Sinn)?**

- ❑ Halte ich meinen Glauben für ***gut, richtig*** und ***wahr***?
- ❑ Halte ich meinen Glauben für eine **Tugend**?
- ❑ Ist das zentrale Thema meines Glaubens **tabu**?
- ❑ Bin ich Argumenten gegenüber **intolerant** und **stur**?

**Einmal** „JA“ (bei Frage Nr.1) ist zu erwarten! Deshalb gehen Sie die CHECK-liste ja jetzt durch. Aber jedes weitere „JA“ könnte Sie nachdenklich stimmen. Müssen Sie noch zwei oder gar drei Mal „JA“ sagen, besteht **akute Virus-Gefahr!**

# Merkblatt Nr. 5: Morse-Auswertung (Details)

Bezüglich der Bewertung (der Satz-Ergänzungen) als POSITIV oder NEGATIV:

Zum Beispiel können manche Aussagen von mir nicht eingeschätzt werden, weil ich nicht weiß, was der Schreiber oder die Schreiberin gemeint hat. Schreibt jemand z.B.: *Die Welt ist voller Herausforderungen,* dann **kann** das POSITIV gemeint sein. Es gibt Menschen, die lieben HERAUS-forderungen – oder aber nicht: nämlich jene, die es hassen, aus alten Denk- und/oder Verhaltensrillen HERAUS-gerissen zu werden. Sie lieben HINEIN-Forderungen, d.h., wenn alles so bleibt, wie es ist. So gibt es einige Formulierungen, die ich aussortieren muß. Die 100 % beziehen sich also auf die **100 % der Bogen**, die in die Analyse **tatsächlich einfließen**, also ca. 80 bis 90 % der Gesamtzahl (13.000).

Diese 100 % verteilen sich wie folgt:

1. Bei **wenigen** Gruppen, fallen 95 % negativ aus. Dies sind vorwiegend Gruppen in Firmen mit schlechtem Betriebsklima, bei denen die Teilnehmer/innen fast genötigt werden, zum Seminar gehen zu „wollen"!

2. Bei den **meisten** Gruppen liegen die **Negativ-Antworten bei ca. 75 bis 80 %**. Hierbei sollte man vielleicht auch berücksichtigen, daß man uns Deutschsprachige in Deutschland, Österreich und der Schweiz vielleicht nicht ganz zu Unrecht im Ausland als kompetent, professionell, ordentlich, zuverlässig sieht, uns aber **weder** als besonders höflich (taktvoll) **noch** als humor voll einschätzt. Die Resultate bei anderen Gruppen (insbes. Angelsachsen und Holländern) enthalten weitaus mehr positive Satz-Enden!
3. Selbst bei den **besten** Gruppen waren nur 60 bis 65 % positiv! Hierunter fallen interessanterweise reine Frauen-Gruppen ...

**Gesamt Auswertung:**

Die Welt ist (weit häufiger) voller... (negativ), weil die Morse-Story die Menschen **davor negativ berührt hatte**.

# Merkblatt Nr. 6 für

- **Ausbilder/innen**
- **Dozent/innen**
- **Lehrer/innen**
- **Trainer/innen**

## Dieses Buch bietet Ihnen…

…eine solide Grundlage, wenn Sie sich TIEF-er auf unser Thema einlassen wollen – sowohl als **Hintergrundwissen** für Ihre Arbeit als auch, weil Sie vielleicht Teile in eigene Seminaren „einbauen“ wollen. Da ich von Weiterbilder/innen (im weitesten Sinne) immer wieder gefragt werde, inwieweit man Teile (z.B. Stories, Aufgaben, Denk-Modelle etc.) aus meinen Publikationen im Unterricht, Vortrag, Seminar etc. einsetzen darf, gilt: *Was ich publiziert habe, habe ich (im Wortsinn) ja der Öffentlichkeit übergeben.* Demzufolge brauchen Sie selbstverständlich keine Lizenz-Gebühren zu bezahlen, wenn Sie etwas an Ihre Teilnehmer weitergeben wollen. Allerdings erwartet der Verlag, daß Sie zu den Weiterbildern gehören, die ihre Quellen sauber angeben. Dies hat mehrere Vorteile (auch für Sie!):

**Vorteile, wenn Sie Ihre Quellen angeben:**

1. **Sie wirken seriös** im Gegensatz zu jenen, die so tun, als hätten sie sich alles aus den eigenen Fingern gesaugt, was insbesondere viele Schulbuch-Autoren (und Lehrer/innen) in erschreckendem Maße tun!
2. **Ihre Empfänger lernen ganz beiläufig, daß erst die Arbeiten vieler Personen ein Thema erschließen.** Damit wirken Sie dem unheilvollen Plagiats-Muster aus der Schule entgegen. Wie sollen unsere Schüler denn je lernen, selbständig zu recherchieren, wenn sie keine Ahnung davon haben, wie überhaupt geforscht wird?!
3. **Im Informations-Zeitalter ist Info darüber, wo die** (wenigen), die mehr wissen wollen, dies finden können, **ein Teil der Service-Leistung,** die man von Ihnen erwartet. Wenn uns die Fachleute nicht helfen können, weitere Ideen zu einem Thema zu finden, wer dann? Durch das Angeben Ihrer Quellen „outen“ Sie sich automatisch als fachkundig.

Also, Sie sehen hier wieder einmal eine alte Wahrheit: Wer einfach so klaut, *ist ein Dieb.* Wer seine Quellen angibt, *arbeitet wissenschaftlich.* Viel Entdeckerfreude auch weiterhin!

# Anhang II

# Literaturverzeichnis


1. * **ALDINGER, Marco:** *BewußtseinserHeiterung – Weisheitsgeschichten.* Herder Spektrum, Freiburg im Breisgau 1998

2. * **ALDINGER, Marco:** *Was ist die ewige Wahrheit? Geh weiter! – Zengeschichten vom Anhaften und Loslassen.* Herder Spektrum, Freiburg im Breisgau 1998

3. **BERGER, Peter L.**: *Erlösendes Lachen – Das Komische in der menschlichen Erfahrung.* (Original: Redeeming Laughter), Walter de Gruyter, Berlin/New York 1998

4. * **BOMBECK, Erma:** *Ich hab'mein Herz im Wäschekorb verloren.* Gustav Lübbe Verlag GmvH, Bergisch Gladbach 1983

5. **BIRKENBIHL, Vera F.:** *Das „neue" Stroh im Kopf?* mvg, 38. Auflage, Landsberg 2001

6. **BIRKENBIHL, Vera F.:** *Der Birkenbihl Power-Tag.* mvg, 5. Auflage, Landsberg 1999

7. **BIRKENBIHL, Vera F.:** *Das Birkenbihl Alpha-Buch. Neue Ein-SICHT-en gewinnen und im Leben umsetzen.* mvg, 2. Auflage, Landsberg 2000

8. **BIRKENBIHL, Vera F.:** *Kommunikations-Training. Zwischenmenschliche Beziehungen erfolgreich gestalten.* mvg, 22. Auflage, Landsberg 2000

9. **BIRKENBIHL, Vera F.:** *Erfolgstraining. Schaffen Sie sich Ihre Wirklichkeit selbst.* mvg, 12. Auflage, Landsberg 2001

10. **BIRKENBIHL, Vera F.**: *Humor – An Ihrem Lachen soll man Sie erkennen.* mvg, Landsberg 2001

11. **BRANDEN, Nathaniel:** *Die sechs Säulen des Selbstwertgefühls,* mvg, Landsberg 2000

12. * **CANFIELD, Jack et al:** *Geben wir der Arbeit HERZ und SEELE zurück.* Wirtschaftsverlag Carl Ueberreuter, Frankfurt (vergriffen)

13. * **CANFIELD, Jack/HANSEN, Mark V.:** *Hühnersuppe für die Seele. Geschichten, die das Herz erwärmen.* Goldmann, München 1998

14. * **CANFIELD, Jack/HANSEN, Mark V.:** *Mehr Hühnersuppe für die Seele.* Goldmann, München 2001

15. * **CANFIELD, Jack/HANSEN, Mark V.:** *Chicken Soup for the Soul. Aufbauende Geschichten aus Amerika* (Hörbuch). Rusch Verlag

16. * **CARNEGIE, Dale: Wie man Freunde gewinnt**, Scherz Verlag, überarbeitete und rev. Neuausgabe, Bern 1986

17. **CASTANEDA, Carlos:** *Reise nach Ixtlan – Die Lehre des Don Juan,* Fischer Taschenbuch, 1997, 22. Auflage

18. **DITKO, Peter/ENGELEN, Norbert Q.:** *In Bildern reden – die neue Redekunst aus Ditkos Schule,* Econ, 1996

19. **GOATLY, Andrew:** *The Language of Metaphors.* Routledge, London 1997

20. **HESLEY, John W./HESLEY; Jan G.:** *Rent two Films and Let's Talk in the Morning – Using Popular Movies in Psychotherapy.* John Wiley & Sons, Inc., New York 1998

21. **HESSE, Hermann:** *Eigensinn.* Rowohlt Taschenbuch Verlag GmbH, Reinbek bei Hamburg 1981

22. **JAMPOLSKY, Gerald G.:** *Verzeihen ist die größte Heilung.* Ludwig, München 2000

23. **JAMPOLSKY, Gerald G.:** *Die Kunst zu vergeben. Der Schlüssel zum Frieden mit uns selbst.* Goldmann, München 2001

24. * **JAXON-BEAR, Eli & LORENZ, Sabrina:** *Da lacht der Erleuchtete – Die besten spirituellen Witze (inkl. Einiger Story des Mullah Nasruddin),* Droemer Knaur, München 1991

25. * **JOHNSON, Spencer:** *Die Mäuse-Strategie für Manager – Veränderungen erfolgreich begegnen,* Ariston, München 2000

26. **KEEN, Sam:** *Feuer im Bauch – Über das Mann-Sein.* (Original: Fire In The Belly), Gustav Lübbe Verlag GmbH, Bergisch Gladbach 2001, 2. Auflage

27. **LAKOFF, George/Johnson, Mark:** Leben in Metaphern. Konstruktion und Gebrauch von Sprachbildern (Original: *Metaphors We Live By).* Carl Auer-Systeme, 2. korr. Auflage, Heidelberg 2000

28. **LEBOYER, Frédérick:** *Geburt ohne Gewalt.* Kösel-Verlag GmbH & Co., München 1985, 8. Auflage

29. **LeGUIN, Ursula K.:** *Das Wort für Welt ist Wald.* (Original: The Word for World ist Forrest), Argument Verlag, Berlin/Hamburg 1998

30. **LeGUIN, Ursula K.:** *Die linke Hand der Dunkelheit.* (Original: The Left Hand of Darkness), Wilhelm Heyne Verlag, München 2000

31. **LoVERDE, Mary:** *Stop Screaming at the Microwave.* Fireside Book, New York 1998 (bald auf Deutsch erhältlich: *Wege aus der Stressfalle. Beziehungen zu Familie, Freunden und Partnern retten Sie vor dem Alltagschaos.* mvg, Landsberg 2001)

32. **MACKAY, Hugh;** *Warum hörst du mir nie zu? – Zehn Regeln für eine bessere Kommunikation.* Deutscher Taschenbuch Verlag GmbH & Co. KG, München 1997

33. **MOELLER, Michael Lukas:** *Worte der Liebe – Erotische Zwiegespräche.* Rowohlt Taschenbuch Verlag GmbH, Reinbek bei Hamburg 20041

34. **NØRRETRANDERS, Tor:** *Spüre die Welt – Die Wissenschaft des Bewußtseins.* Rowohlt Taschenbuch Verlag GmbH, Reinbek bei Hamburg 1997

35. **NØRRETRANDERS, Tor:** *The User Illusion – Cutting Consciousness Down to Size.* Penguin Books, New York 1998

36. **O'HANLON. Bill:** *Do one thing different – And Other Uncommonly Sensibole Solutions to Life's Persistent Probloems.* William Morrow and Company, Inc., New York 1999

37. * **PESESCHKIAN, Nossrat:** *Der Kaufmann und der Papagei,* Auditorrium, 1996

38. **POSTMAN, Neil:** *Wir amüsieren uns zu Tode,* Fischer Taschenbuch, 1997, 7. Auflage

39. **POSTMAN, Neil:** *Keine Götter mehr – Das Ende der Erziehung,* VLG, Berlin 1995

40. **RAINER, Tristine:** *The New Diary – How to use a journal for self-guidance and expanded creativity.* Jeremy P. Tarcher, Inc., Los Angeles 1979

41. * **RAINER, Monika:** *Zwei Welten und ein Königreich. Märchen und Geschichten für kleine und GROSSE (Ver)Änderungen im Leben.* Junfermann, Paderborn 1997

42. * **RICO, Gabriele:** *Von der Seele schreiben – Im Prozeß des Schreibens den Zugang zu tief verborgenen Gefühlen finden.* (Original: Pain and Possibility – Writing Your Way Through Personal Crisis), Junfermann Verlag, Paderborn 1999

43. **SCHACTER, Daniel:** *Wir sind Gedächtnis,* Rowohlt Taschenbuch, 2001

44. * **SCHNEIDER, Wolf:** *Deutsch fürs Leben – Was die Schule zu lehren vergaß.* Rowohlt Taschenbuch Verlag GmbH, Reinbek bei Hamburg 1994

45. **SCHNEIDER, Wolf:** *Wörter machen Leute. Magie und Macht der Sprache,* Piper Taschenbuch, 1996

46. * **SELIGMAN, Martin:** *Pessimisten küßt man nicht – Optimismus kann man lernen.* Droemer Knaur, München 1991

47. **SELIGMAN, Martin:** *Kinder brauchen Optimismus,* Rowohlt, 1999

48. **SHAH, Idries:** *Die Sufis. Botschaft der Derwische, Weisheit der Magier (mit einigen brillanten Nasruddin-Stories).* Hugendubel, 10. Auflage, München 1996

49. **SPANGENBERG, Ernst:** *Verstand und Humor im NLP – Metaprogramme,* Junfermann, Paderborn 2000

50. **SPRENGER, Reinhard K.:** *Mythos Motivation*, Campus, 1996

51. **STEIN, Sol:** *Über das Schreiben.* (Origninal: Journal of a Novel), Deutscher Taschenbuch Verlag GmbH & Co. KG. München 1987

52. **UEDING, Gert:** *Rhetorik des Schreibens.* Beltz Athenäum Verlag, Weinheim, 4. Auflage 1996

53. **WEINSTEIN, Matt:** *Management by fun. Die ungewohnliche Form, mehr Motivation, Kreativität und Engagement zu erzeugen.* mvg BusinessTraining, Landsberg am Lech 1999

54. **WERDER, Lutz von:** *Erfolg im Beruf durch kreatives Schreiben.* Schibri-Verlag, Berlin/Milow 1995

55. **WIECK, Wilfried:** *Liebe Mutter, du tust mir nicht gut – Söhne schreiben an ihre Mutter.* Kreuz Verlag, Zürich 2000, 2. Auflage

56. **WILBER, Ken:** *Mut und Gnade – In einer Krankheit zum Tode bewährt sich eine große Liebe,* Goldmann, 1996

57. **WHORF, Benjamin:** *Sprache, Denken, Wirklichkeit – Beiträge zur Metalinguistik und Sprachphilosophie,* Rowohlt, 1984

58. **ZIESEMER, Bernd:** *Die Neidfalle – Wie Missgunst unserer Wirtschaft lähmt,* Campus, 1999

# Anhang III

# Stichwortverzeichnis



* Die mit einem solchen Pfeil gekennzeichneten Stichwörter beziehen sich immer auf eine Story aus diesem Buch.

* vgl. Fußnote S. 198

---

* vgl. Fußnote S. 198

* vgl. Fußnote S. 198

---

* vgl. Fußnote S. 198

* vgl. Fußnote S. 198

* vgl. Fußnote S. 198

* vgl. Fußnote S. 198